WHEN CORPORATE SOCIAL RESPONSIBILITY
MEETS C●VID-19

기업의 사회적 책임(CSR)이
코로나를 만났을 때

레베카 김정희
Rebecca Chunghee Kim

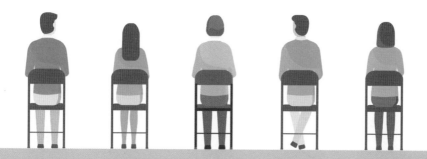

박영사

코로나 시대 이후의 CSR은 어떤 모습일까?

미래의 CSR을 이끌어 나갈 한국의 청춘들을 위하여

나의 "버킷리스트" 중 하나였다.

기업의 사회적 책임(CSR, corporate social responsibility)에 대한 첫 번째 한글책을 이제서야 비로소 소개하게 되었다. 오랜 세월 동안 전 세계의 청년들과 뒤섞여 토론하였던 CSR에 대한 고민과 꿈들을 한국의 청년들과도 꼭 나누고 싶었다. 나는 국제저널에 글로벌과 아시아, 한국의 CSR과 공유가치창출(CSV, creating shared value)에 관한 논문들을 발표하는 등 주로 국제사회를 무대로 활동하고 있다. 일본, 미국, 영국, 말레이시아, 인도, 몽골까지 전 세계를 돌아다니면서 아시아의 CSR을 나누었고, South China Morning Post 등 언론을 포함한 각종 국제 커뮤니티에 사설과 다양한 글, 강의 등을 통하여 한국 학자의 목소리를 들려주며 글로벌 사회와 소통하고 있었다. 이렇게 국제무대에서 활발히 활동하면서도 한국 사회에 대한 죄책감 이상의 그 무엇이 늘 나의 마음속 깊숙한 곳에 자리잡고 있었다.

이 책이 한국 사회에 대한 그 첫 번째 보답이 되었으면 한다. 한국 젊은이들이 글로벌 리더가 되기 위해서 꼭 알아야 할 글로벌 CSR에 대한 중요한 이론들과 담론들을 쉽고 재미있게 나누고자 한다. 딱딱하고 지루한 학술논문에서 담지 못했던 CSR에 대한 나의 감회와 다양한 에피소드들, 30여 개국을 돌아다니면서 마주친 다양함과 그에 담긴 아름다운 의

미와 사람들에 관한 이야기들을 또한 이 책에 유쾌하고 때로는 익살스럽
게 담고자 노력하였다. 본인의 의사와 관계없이 CSR을 공부하여야만 하
는 한국의 청년들에게(*미안하지만 CSR은 MBA 등 글로벌 경영대학들의
필수과목이 되어가고 있다), 그리고 한국과 글로벌 사회를 이끌어 갈 현
재와 미래의 비즈니스 리더들에게 재미있는 참고서와 교재가 되기를 참
마음으로 바란다.

　이 책의 핵심 내용은 One-Size-Fits-All CSR은 없다는 것이다. 또
한 코로나 시대 이후의 기업의 환경과 책임이 코로나 이전과는 확연히
달라질 것이라고 나는 주장한다. 그렇다면 한국의 비즈니스 리더들은 글
로벌 사회에서의 이러한 시대적 이슈들을 어떻게 효과적으로 앞장서서
토론하고 그 해결책을 모색해 나갈 것인가? CSR에 대한 지구촌의 다양
한 목소리가 담겨 있는 이 책에서 그 힌트를 찾아주면 감사하겠다.

　10여 년 넘게 국제경영과 윤리경영을 가르치면서 세계에서 모여든
많은 젊은이들에게 받은 중요한 질문 중의 하나는 "*어른들의 사회는 왜
이렇게 이상합니까?*"이다.

　"우리가 부자가 되기 위해서는 빌 게이츠(Bill Gates)와 워런 버핏
(Warren Buffett)의 강의를 왜 꼭 들어야 하고, 착한 기업이 되기 위해서
는 마이클 포터(Michael Porter) 교수의 공유가치창출(creating shared
value) 이론을 왜 꼭 공부해야 하나요?"

　"코비드 시대에 Stop Asian Hate를 외치면서도 서구의 교수들을 비
싸게 초청하여 그들의 강의를 듣기에만 급급하고…. 아시아의 목소리는
어디 있는 겁니까? 아시아의 가치와 아이덴티티를 글로벌 사회에 알리기
위해 교수님들은 얼마나 연구하고 노력하셨나요?"

"왜 아시아 어른들의 리더십은 찾아볼 수 없는 겁니까?"

나를 포함한 한국의 어른들에게 주는 날카로운 질문이기도 하다. 이 책을 통해 위의 질문들에 관한 토론의 장과 CSR에 대한 공감의 울타리가 한국 사회에서 더욱 멋지게 조성되기를 기대해 본다.

적어도 이 책을 읽고 나면 코로나 시대 이후 글로벌 사회에서 더욱 치열하게 소개될 CSR에 대한 새로운 전략들과 압력들에 대한 두려움은 사라질 것이다. 한국의 청년들과 기업인들이 두려움 없이 글로벌 사회를 리드하며 그 토론의 장을 이끌어 나갈 것으로 믿는다.

기분 좋은 작업이었다. 한국 사회에 보답할 수 있는 이런 최고의 시간을 제안해 주신 박영사의 나카지마 케이타 법인장님께 감사드린다.

시대와 함께 울고 웃으며 한국 사회의 기업의 사회적 책임을 이끌어 주셨던 사회공헌 1세대 선배님들에게 이 책을 바치며….

2021년 11월

레베카 김정희 Rebecca Chunghee Kim

| Contents |
차 례

CSR

기업의 사회적 책임(CSR)이 코로나를 만났을 때

PART 1

'기업의 사회적 책임(CSR)'이
착한기업에 대한
이야기가 아니라구요?

PART 1

'기업의 사회적 책임(CSR)'이 착한기업에 대한 이야기가 아니라구요?

기업의 사회적 책임은 모순(oxymoron)이다?

"담배회사, 무기회사, 패스트푸드회사 등등. 근본적으로 사회와 인간의 삶에 해를 끼치는 상품을 생산하는 기업들이 사회적 책임을 논하는 것은 모순이 아닙니까?"

전 세계에서 모여든 경영대학교 학생들에게 기업의 사회적 책임 (Corporate social responsibility, CSR)을 12년 동안 가르치면서 내가 제일 많이 듣는 질문 중에 하나이다. 건강에 해를 끼치는 담배와 술, 패스트푸드를 생산하는 회사들, 전 세계의 무고한 사람들을 죽이는 무기를 생산하는 회사들, 환경을 파괴하는 기업들, 동물 및 인간을 대상으로 진행한 임상시험을 통해 제품을 생산하는 화장품과 제약회사들……. 이런 회사들이 어찌 사회적 책임을 논할 수가 있냐는 많은 글로벌 청년들의 날카로운 질문이다.

'아이러니하게도' 글로벌 CSR을 연구하면서 발견한 흥미로운 사실 중 하나는 위의 언급된 회사들 중 많은 글로벌 기업들이 CSR의 베스트기업들로 평가받고 있다는 것이다.

왜 그럴까?

(출처: 게티이미지뱅크)

결론적으로 말해 CSR의 핵심은 다음의 두 논리가 계속 치고받고 있는 것임을 글로벌 비즈니스 사회에서 목격할 수 있다.

첫째, 노벨경제학상 수상자인 고(故) 밀턴 프리드만(Milton Friedman)의 주주우선주의이다. 프리드만은 기업에 있어서 사회적 책임은 근본적으로 있을 수 없다고[There are not (or cannot be) social responsibility in business] 주장했다. 사람과 재산의 결합체인 기업은 법인(artificial person)으로서 주주들이 소유하며 매니저들은 부의 창출을 위해 책임을 다하여야 한다는 것이다. 소비자들을 만족시키고 이익을 극대화하며 국가의 법과 명령 등을 준수하는 것이 기업인의 책임으로써 충분하다는 것이다. 결론적으로 기업은 주주의 이윤 극대화를 위한 책임을 다하면 된다는 주장이다.

이에 대한 대표적인 반론으로는 미국의 철학자이며 경영학자인 로버

트 에드워드 프리만의(Robert Edward Freeman) 이해관계자우선주의이다. 주주는 기업의 많은 이해관계자들 중 하나일 뿐이며 기업은 기업의 성공과 목적에 영향을 주고 받는 모든 이해관계자들을 만족시키는 가치를 창출할 책임과 의무가 있다고 주장했다. 물론 이해관계자들은 기업의 특성과 시장의 다이나믹스에 따라 다양하게 해석될 수 있는데 예를 들면 주주, 정부, 지역 사회, 투자자, 직원들, 미디어 등을 포함한다. 프리만의 이해관계자 우선경영의 두개의 큰 틀은 다음과 같다.

첫째, 이해관계자를 위한 경영만이 복잡한 현대 자본주의시장에서 기업의 성공을 보장할 수 있다. 그 이유는, 소비자를 더 만족시킬 수 있고, 기업의 브랜드와 명성을 높이는데 기여하며, 더 좋은 직원을 뽑을 수 있고, 정부의 규제를 덜 받는데도 유리하기 때문이다. 또한 위기에 처했을 때 기업의 진정성을 이해받을 수 있는 중요한 수단이 되기도 하다. 결과적으로 이해관계자경영은 장기적 투자의 관점에서 기업을 성공으로 이끄는 전략적 수단(instrumental)이 된다는 것이다.

둘째, 이해관계자 이론의 또 다른 관점은 기업이 수익을 창출하지 못하더라도 도덕적(normative) 판단으로 이해관계자를 위하고 사회에 기여해야 한다는 것이다. 그 이유는 기업들은 지구온난화, 빈부격차 등 글로벌 사회의 많은 문제들의 주범이기에, 그 해결도 우선적으로 책임을 져야 한다는 논리다. 또한 자본주의 사회에서 가장 큰 권력과 리더십을 행사하는 기업들이 사회의 다른 구성원들을 위해 윤리적으로 그 힘을 행사해야 하는 책임이 있다는 것이다. 물론 착한 기업이 언제나 수익을 창출하는 것이 아니라는 사실을 알면서도 말이다.

이와 같이 프리드만의 주주우선주의와 프리만의 이해관계자우선주의는 현대사회의 CSR의 당위성과 모순을 논하는데 많은 CEO들과 기업인들이 인용하고 토론하고 있는 논리니, 꼭 기억하기 바란다.

하지만, 주주와 이해관계자 - 꼭 선택의 문제일까?

주주우선주의 또는 이해관계자 중심의 논리만으로 현재의 글로벌 시장을 설명하는 데는 한계가 있다는 것을 이미 간파한 여러분들이 많을 것으로 여겨진다. 그렇다. 기업의 책임에 대한 좀 더 포괄적이고 다이나믹한 접근이 필요하다는 얘기다. 결론적으로 주주와 이해관계자: 꼭 우선 선택을 해야 하는 것이 아니다라는 것을 현대 자본주의 시장은 잘 보여주고 있다.

착한기업에 초점을 맞추면 노답

사회공헌을 '많이(?)' 하는 기업이 착한기업이라는 관점으로는 CSR의 근본 논리를 찾는 데는 한계가 있다. 단순한 기업윤리 준수나 사회공헌을 뛰어넘은 전략적 접근이 필요하다고 세계의 많은 경영학자들이 주장하고 있다. 기업이 수익창출에 지장이 있음에도 불구하고 사회를 위해 (For) 기부하고 희생해야 한다는 논리로 다양한 주주들과 이해관계자들을 설득하기에는 한계가 있다. Business 'FOR' Society의 관점이 아닌 Business 'IN' Society로 관점의 전환이 필요하다. 아직도 한국의 많은 경제관련 단체들과 언론들이 기부금을 많이 내는 기업이 착한 기업, 그러므로 CSR을 잘하는 기업으로 평가하고 점수를 매겨서 그 기부금의 순위를 발표하는 것을 심심찮게 목격한다. 광범위하고 포괄적인 CSR을 추구하기 위한 한국 시장의 개선방향을 고민하게 하는 부분이다.

결론적으로 CSR은 지혜로운 기업의 전략에 대한 이야기

기업들은 사회에 속한(In) 주요 구성원으로써 이익창출을 추구하는 동시에 사회가 지속가능하게 발전할 수 있도록 책임을 다해야 한다. 이와 관련 최근 많은 학자들과 기업인들이 다양한 전략적 접근방법을 주장하고 있는데 예를 들면 미국의 대표적 경영전략학자인 마이클 포터(Michael Porter)의 공유가치창출(creating shared value) 이론이나 영국의 기업가인 존 엘킹톤(John Elkington)의 경제·사회·환경적 성과를 종합한 기업평가가 강화되야 한다는 트리플버텀라인(Triple Bottom Line) 이론 등이 이에 포함된다. 또한, 최근 핫이슈가 되고 있는 ESG 경영도 CSR과 관련된 글로벌 시장의 피해갈 수 없는 주요 흐름 중에 하나이다. 이러한 이론들은 다음 장들에서 좀 더 구체적이고 재미있게 토론해 보자.

사실 CSR의 정의에 대한 일치된 합의는 아직까지 없다. 자본주의가 끊임없이 진화하는 한 세계의 많은 학자들과 기업인들, 사회구성원들 간의 심도있는 토론과 연구는 계속될 것이다. 이에 글로벌 시장과 한국경제의 미래를 이끌어갈 젊은이들에게 기업의 미래 그리고 사회적 책임에

대한 고민과 토론을 지금부터 같이 해보자고 제안하는 바이다.

마지막으로 나와 아시아의 CSR에 대하여 같이 연구한 유럽의 대표적 경영학자인 제라미 문(Jeremy Moon) 교수의 CSR에 대한 정의를 소개하며 이 장을 마치려 한다.

"기업의 사회적 책임은 기업들이 그들이 속한 사회 '안'에서 어떻게 경영을 해야 하는지 그 방법을 말하는 것입니다[Corporate social responsibility(CSR) is the way in which companies manage their relations within society]."

[제라미 문(Jeremy Moon), 2014][1]

CSR

기업의 사회적 책임(CSR)이 코로나를 만났을 때

PART 2

CSR은 성적순이 아니잖아요!

PART 2

CSR은 성적순이 아니잖아요!

"내가 다니는 회사가 CSR상을 받은 것을 매우 자랑스럽게 생각합니다. 저는 오늘을 즐기러 왔습니다."

영국에서 박사과정을 밟을 당시 스코틀랜드 제일의 CSR기관인 스코티시 비즈니스 인 더 커뮤니티(Scottish Business in the Community)의 초대를 받아 기업의 사회적 책임에 관련된 성대한 연말수상식에 참석할 기회가 있었다. 회사의 대표로 참석한 대기업, 중소기업의 직원들은 스코티쉬 퀼트 정장 및 드레스를 멋스럽게 차려입고, 이 자리에 참석하게 된 것을 무척 자랑스럽고 영광럽게 생각하고 있었다. CSR이 직원들에게 축제가 될 수 있고, 회사에 대해 자긍심을 느끼게 하는 전략적으로 중요한 도구가 될 수도 있겠다는 사실을 배우는 소중한 기회였다.

기업의 사회적 책임을 평가하고 순위를 매긴다고요?

최근 CSR의 중요성이 대두된 이유 중 하나는 글로벌 사회가 CSR을

스코티시인더비즈니스커뮤니티

(출처: 스코티시인더비즈니스커뮤니티 홈페이지)

평가하고 점수를 매기기 시작했기 때문이다. 기업의 생리도 사람과 똑같
다. 평가를 할 때와 하지 않을 때의 접근방법이 큰 차이를 보이는 것은
당연한 이치이다. 시험을 볼 때와 안 볼 때 공부방법과 노력의 정도가 다
른 것처럼 말이다.

　　기업의 사회적 책임 평가에 대한 여러분의 이해를 돕기 위해 세계적
으로 많이 이용되고 있는 몇 개의 평가방법들을 소개하고자 한다. **다우존
스 지속가능성 지수**(Dow Jones Sustainability Index)는 S&P 다우존스와
스위스 RobecoSAM이 만든 주가지수로써 기업의 재무적 성과를 평가하
는데 그치지 않고 지속가능성(경제·환경·사회적 측면)을 종합적으로 평가
하여 우량기업의 등급을 매겨 발표하는 기업경영 지표이다. **FTSE4Good
지수**는 기업의 환경보호, 인권보장, 협력업체 노동규범 준수, 반부패 정
도, 기후변화 대응 등 다섯 가지 항목을 평가하는 지수인데, 영국 등 유
럽의 많은 나라들과 미국, 일본, 대만, 아세안 5개국(말레이시아, 인도네시
아, 필리핀, 싱가폴, 태국) 등에서 공식적인 기업평가 방법으로 사용하고
있다.

CSR평가와 가이드라인들

(출처: 각 가이드라인 홈페이지)

　　CSR관련 많은 가이드라인들도 존재한다. ISO26000는 국제표준화기구가 2010년 발표한 사회적 책임(social responsibility)에 대한 국제표준 겸 가이드라인이다. 이는 기업을 비롯한 사회의 모든 조직이 의사결정이나 활동 등을 진행할 때 소속된 사회에 이익이 될 수 있도록 하는 실행 지침, 권고사항 등을 제안한 것이다. GRI(Global Reporting Initiatives)는 기업의 지속가능 보고서에 대한 가이드라인을 제시하고 있다. 최근 기업들이 많이 참가하고 있는 UN의 지속가능 개발 목표 SDGs(Sustainable Development Goals)는 빈곤, 질병, 교육 등 인류의 보편적 문제와 환경문제, 경제문제, 사회문제 등을 17개 목표와 169개 세부 목표로 2030년까지 해결하고자 이행하는 국제 사회 최대 공동목표이다. 무엇보다도 UN은 글로벌 기업시민으로서의 기업의 적극적 참여를 독려하고 있다.

　　이 밖에도 한국을 비롯한 글로벌 시장에서는 CSR과 관련된 수많은 순위들을 앞다퉈서 발표한다. '가장 책임 있는 기업', '가장 윤리적인 기업', '가장 존경받는 기업' 등. 그 종류와 주최기관도 다양하다. 이와 같은 기업에 대한 성적평가는 무엇보다도 기업의 명성과 리더십의 책임감, 직원들의 사기충전에 긍정적인 영향을 미친다는 다양한 연구 논문들도 발표되고 있다. 또한 기업들간의 서로에 대한 압력(peer-pressure)으로써 기업의 사회적 책임에 대한 경쟁을 부추기는 데 긍정적 촉매제 역할을

하고 있는 것도 사실이다.

하지만, 항상 의문이다.

CSR 순위 1등 기업이 2·3등 기업보다 CSR을 잘 하는 기업이라고 과연 확신있게 말할 수 있을까? 예를 들면, 2018년 구글(Google)은 포브스 평가 '기업책임 부문 세계에서 가장 우수한 기업'(No.1 in Forbes 2018 list of World's Most Reputable Companies for Corporate Responsibility)로 선정되었다. 2019년도에는 레고그룹(The Lego Group)이 그 영광을 차지하였다. 물론 구글과 레고의 CSR선전을 진심으로 축하하고, 많은 기업들이 벤치마킹할 가치가 있다고 본다. 하지만, 구글과 레고의 최고 스코어가 1등이 아닌 다른 기업들의 CSR활동보다 더 월등하다고 (또는 어떤 면이 더 월등한지) 말해주는 확실한 가이드가 될 수 있는 것일까?

CSR은 꼭 1등이 아니어도 멋질 수 있다.

기업이 사회적 책임을 다하는데 있어서 자본주의의 또다른 순위매김과 경쟁의 노예가 된다면 진정성 있고 자발적인 기업의 사회적 책임을 기대하기는 더욱 어려울 것이라고 많은 지식인들은 우려를 표한다. 각 기업의 생리와 비즈니스의 규모, 각 나라의 시장과 문화, 시민사회의 요구가 다양할 텐데, 이러한 다양함을 간과한 하나의 평가방법으로 전 세계의 기업들에 하나의 잣대를 적용하여 구글 1위, 레고 1위를 발표하고, 1등만을 높이 평가한다면 그 외의 다른 기업들은 어쩌할까? 시장의 한계를 느끼고 CSR에 대한 노력을 포기하는 기업들이 더욱 많아지는 것은 아닐까? CSR 또한 엘리트 자본주의의 부산물이 돼서는 안 된다고 여겨진다.

각국의 정부와 시민사회의 책임이 무겁다. 기업과 CEO의 명성, 기부금의 크기를 넘어선 좀 더 견고하고 전략적인 사회적 책임에 대한 독려

CSR · 멋짐

와 평가방법을 계속적으로 모색해야 할 것이다. 이는 대기업들과 규모가 전혀 다른 중소기업의 사회적 책임을 지원하는 중요한 책무이기도 하다. 기업들에게 CSR은 꼭 1등이 아니어도 멋있을 수 있다는 자신감을 심어주면 어떨까? 대체 불가능한 CSR전략을 만들라. 그리고 고유의 CSR신념을 완강하게 고집하기 바란다. 꾸미지 않아도 CSR은 기업과 기업인의 지속가능한 멋짐을 보여줄 수 있다. 명품점퍼를 안입어도 중요한 시기에 멋짐을 뿜어냈던 버니 샌더스(Bernie Sanders)처럼!

CSR

기업의 사회적 책임(CSR)이 코로나를 만났을 때

PART 3

CSR이 코로나를 만났을 때

PART 3

CSR이 코로나를 만났을 때

미국학교의 친구에게서 받은 마지막 선물

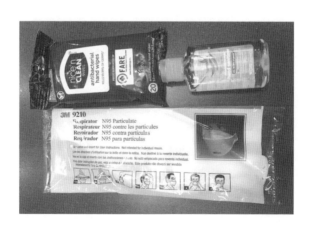

울컥했다.

2020년 2월, UC Berkeley에서 안식년 연구를 마치고 일본의 대학으로 돌아오기 전 미국에서의 마지막 날, 같이 공부를 했던 친구는 나에게 마스크와 손세정제를 선물하였다. 무서운 코로나가 일어나고 있는 아시아로 떠나는 나를 걱정하는 사랑스러운 친구로부터 받은 선물이었다. 나 또한 그들에게 아시아를 위해 기도해 줄 것을 부탁하며, 처음으로 마스크를 쓰고 전쟁터로 나가는 군인의 마음으로 일본으로 돌아오는 비행기에 몸을 실었다.

그때까지만 해도 전혀 예상하지 못했다. 2020년 2월 말까지는 미국을 비롯한 글로벌 사회가 생각하는 코로나는 '아시아만의 이야기'였다. 하지만, 3월부터 상황이 완전이 반전되었다. 코로나는 트럼프의 'My country first and last' 정책이, 또는 내 나라만 잘 먹고 잘 살면 된다는 생각이 얼마나 어리석은지를 보여주는 서로 연결된(interconnected) 오늘날 '글로벌 사회'의 대표적인 이야기가 되었다.

정치적 리더십의 한계를 목격

COVID-19와 싸우는 세계사회에서 사람들이 가장 심각하게 목격한 것 중 하나는 글로벌 사회의 정치적 리더십의 한계였다. 글로벌 팬데믹에 함께 맞서기 위해 단결된 메시지와 해결책을 찾기 위한 세계 정치지도자들의 고뇌와 책임지는 노력은 찾아보기 힘들었다. 오히려 많은 국가의 리더들은 팬데믹을 무기삼아(weaponized) 더욱 편협한 민족주의를 국민들에게 부추겼다.

미국과 중국의 리더들은 서로를 비방하고 책임을 전가하기에만 급급했다. EU와 영국사이의 갈등, 많은 나라들에서 보이는 백신 민족주의 또한 그 예들이다. 국가의 지도자들은 국민들의 고통과 과학적 데이터에 전혀 귀를 기울이지 않았으며, 다음 선거에 이기기 위한 편협한 정책만을 펴기에 급급했다. 책임 있는 정치적 리더십의 부재는 국민들에게 불안과 불신을 넘어 분노를 일으키기에 충분했다. 이러한 글로벌 정치적

리더십 부족이 팬데믹 사태가 빨리 종결될 수 없는 중요한 원인이라고
비판하는 많은 논문들이 쏟아져 나오고 있다.

비즈니스 리더들은 달랐다?

팬데믹 리스크를 헤쳐나가기 위한 세계의 많은 기업인들의 책임 있는
리더십을 목격할 수 있는 것은 불행 중 다행이라 생각한다. 기업의 크기
와는 상관이 없었으며, 각자의 위치에서 자사의 역량을 활용한 글로벌
사회에 대한 크고 작은 기여는 팬데믹에 고통받는 인류에게 큰 도움을
주었다.

씨젠(Seegene)은 한국의 작은 바이오테크 회사이다. 씨젠은 코로나가
중국에서 발생했을 초기 팬데믹으로 번질 경우를 대비하여 코로나 진단
키트 개발에 착수하였다. 기업의 핵심역량을 활용한 책임 있는 리더십이
돋보이는 부분이다. 씨젠이 개발한 진단키트는 키트 확보의 어려움을 겪
고 있는 많은 나라에 저렴한 가격으로 제공되었으며, 전 세계의 많은 사
람들의 목숨을 구할 수 있는 교두보를 마련해 주었다. 이와 같은 한국의
작은 기업의 AI와 빅데이터를 활용한 책임 있는 이노베이티브 리더십을

멕시코시티 정부에 코로나19 진단키트를 기증하는 그룹 씨젠

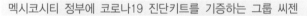

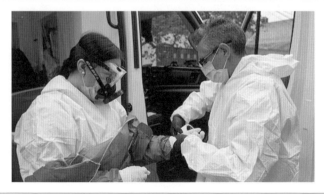

(출처: Seegene 홈페이지)

CNN과 BBC를 포함한 많은 세계의 언론이 주목하고 소개하는 것을 외국에서 지켜보면서 한국사람으로써 뿌듯하고 감사했다.

백신개발 전쟁을 이끄는 세계에서 제일 중요한 사람으로는 마이크로소프트의 창업자인 빌 게이츠(Bill Gates)가 있다. 그가 코로나19와의 전쟁에 큰 금액(약 3600억 원, 2020년 7월 기준)을 기부한 것에 기인한 것만은 아니다. 내가 더 관심있게 보고 있는 것은 글로벌 보건과제 대응과정에 있어서 책임 있는 글로벌 기업의 리더로써 같이 고민하고 그 해결책을 찾아가며 국제 사회에 경종을 울리고 있다는 사실이다.

인도에 있는 친구로 부터 **아난드 마힌드라**(Anand Mahindra)에 대한 얘기를 접하게 되었다. 인도의 거대기업인 마힌드라앤마힌드라그룹은 자동차 생산을 중심으로 한 인도의 재벌기업으로 자동차 외에도 항공우주산업, 농업, 부동산 등 다양한 영역에 계열사를 두고 있는 인도 재계에서 10위권 안에 드는 그룹이다. 마힌드라는 코로나 발생 후 그의 소유 휴양리조트들을 코로나 환자들을 위한 케어센터로 개조하여 고통받는 인도의 국민들을 돌보기 시작했다. 또한 그의 월급을 이용하여 중소기업 및 자영업자들을 위한 펀드를 조성하여 그들에게 미치는 경제적 타격을 좀 더 줄이기 위해

빌 게이츠와 아난드 마힌드라

(출처: 각 기업 홈페이지)

힘을 쓰는 모습을 보여 주었다. 마힌드라는 또한 활발한 트위터 소통으로
인도국민들과 어려움을 함께 한 것으로 인도에서는 유명하다.

위기에서 더 빛나는 기업의 사회적 책임

많은 학자들이 예상했었다. 경제위기 때는 CSR에 대한 글로벌 사회의
기대와 압력은 줄어들 것이라고. 왜냐하면 사람들이 생각하기에 CSR은 좋
은 경제환경에 있을 때 사회에 기여하는 '착한'기업에 대한 이야기이니까.

하지만 그 예상은 완전히 빗나갔다. 위기 상황에서 CSR에 대한 사회
의 압력은 더욱 커졌으며, 책임 있는 리더들의 소통과 나눔은 더욱 그 빛
을 발휘했다. 앞의 예에서 보았듯이 위기 상황에서의 CSR은 단순한 좋은
시절의 착한 '사회공헌활동'을 넘어선다. 책임 있는 기업들의 사회적 활
동은 위기상황에서 기업시민으로써의 혁신적인 소통전략과도 긴밀히 연
결되어있음을 발견할 수 있었다.

위기는 진정한 CSR에 대한 철저한 평가의 시간임을 미래의 비즈니스
리더들은 잊지 말기를 바란다.

CSR

기업의 사회적 책임(CSR)이 코로나를 만났을 때

PART 4

사장님,
직원들을 믿으십니까?

PART 4

사장님, 직원들을 믿으십니까?

코로나19 시대의 재택근무

재팬타임즈(The Japan Times)²⁾의 최근 기사가 나의 눈길을 끌었다. 일본 사회에서 많은 사람들에게, 코로나 시대의 재택근무(remote work)는 사실상 불가능하다는 것이 주된 내용이었다. 이 기사에는 일본에서 20년간 일하고 있는 40대 미국여성의 인터뷰가 실렸다.

> "필요할 경우 재택근무를 해도 된다고 위에서 오더가 내려왔지만 대부분의 동료들은 사무실에 출근을 하고 있습니다. 이는 일본의 사라지기 불가능한 'just show up' 문화 때문이지요. 보안을 중요시하는 회사는 더욱 심각하다고 생각합니다. 직원들이 중요한 데이터를 외부에서도 조심스럽게 잘 다룰 것이라는 서로에 대한 '신뢰'가 문제인 것 같습니다."

(출처: 게티이미지뱅크)

아마도 역사적으로 처음 있는 일이 아닐까 한다. 코로나는 전 세계의 많은 사람들에게 직장에 출근하는 대신 집에서 근무할 수 밖에 없는 환경을 갑작스럽게 만들어 주었다. 재택근무를 결정해야 하는 기업의 사장님들은 특히 고민이 많았을 것 같다. '직원들이 집에서도 사무실에서처럼 얼굴을 맞대지 않고도 열심히 일하고 소정의 결과를 낼 것'이라고 사장님들은 믿고 있느냐 하는 것이다. 사장님, 직원들이 근무시간에 사쿠라파티에 놀러가지 않는다고 어떻게 믿으십니까?

재택근무의 가장 큰 이슈는 '신뢰'

재택근무에 필요한 IT기술 등에 대한 습득 자체는 직원들에게 크게 문제가 되지 않는다는 최근 연구결과가 발표되었다. MIT슬로안매니지먼트리뷰의 논문3)에 의하면 온라인으로 진행되는 일이나 커뮤니케이션의 문제점은 '어떻게' 기술을 활용하고 소통하느냐인 것이다. 기술은 적절한

트레이닝을 통해 충분히 그리고 빨리 습득할 수 있다. 다시 말해, 1) 어떻게 기술을 주어진 일과 잘 매치시키고(Match the technology to the task), 2) 얼마나 소통의 의도가 정확히 전달되며(Make intentions clear), 3) 얼마만큼 직접 얼굴을 보고 일할 때처럼 서로 조화를 이루고(Stay in sync), 4) 믿음으로 빠르게 협력하고(Be responsive and supportive), 5) 오픈마인드를 가지고 다름을 포용할 준비가 되어 있느냐(Be open and inclusive)하는 것이 온라인작업 환경의 관건인 것이다. 직접 보고 대화하지 못하기 때문에 더 많은 커뮤니케이션과 기다림의 시간이 소요된다고 논문은 밝혔다. 결론적으로 기술을 습득하는 것은 별로 어려운 일이 아니지만, 문제는 사람들이 어떻게 효과적으로 일의 커넥션을 지속하느냐 하는 것이다.

　　최근 하버드비즈니스리뷰의 한 논문4)에서도 코비드-19로 인한 온라인워크 시대의 가장 큰 문제는 '매니저가 직원들을 믿지 못하는 신뢰의 문제'라는 연구를 발표하였다. 전세계 24개국 1,200여 명의 매니저를 조사한 서베이를 분석한 결과, 약 40%의 매니저들이나 수퍼바이저들은 재택근무를 하는 직원들을 관리하는데 자신감이 없을 뿐만 아니라, 38%의 매니저들은 직원들의 온라인상 업무수행능력이 더 나쁠 것이라는 데 동의하고 있었고, 22%는 잘 모르겠다고 응답했다. 다시 말해, 리모트워크 시대에 직원들의 효율적인 업무 수행을 매니저들은 믿지 못하고 있으며, 어떻게 관리해야 하는지도 모르고, 그에 대한 리더십트레이닝 또한 부족한 것이 문제인 것이다.

　　'신뢰가 문제'라는 내용을 뒷받침한다. 서로에 대한 믿음, 신뢰가 없어서 제대로된 소통이 불가능하기 때문이다. 그렇다면 리모트워크 시대에 신뢰를 구축하기 위한 리더십은 어떤 것이 있을까? 다시 말해 '어떻게' 기업의 리더들이 직원들과 온라인 상에서 신뢰를 구축할 수 있을까?

코로나 시대 · 신뢰 중요

인클루시브 리더십(Inclusive Leadership) 필요

신뢰 구축의 우선 조건은 직원들이 온라인 상에서도 효율적인 커뮤니케이션이 가능하다는 확신을 심어주어야 한다. 직원들이 일에 대한 정확한 정보를 제공받고 있다는 믿음 또한 중요하다. 이는 리더들의 투명하고 공정한 직원들에 대한 업무수행 능력 평가와도 긴밀하게 연결돼야 한다.

이러한 조건들이 선행된다면, 직원들은 회사의 리더십을 신뢰할 것이고, 이렇게 형성된 신뢰는 직원들이 집에서 노트북으로 일을 하더라도 사무실에서와 마찬가지로 성공적인 업무수행으로 각각의 몫을 다하기 위한 노력으로 연결될 것이다. 결론적으로, 직원들이 어디에서 일을 하더라도 회사와 늘 함께하고 인정받고 있다는 모티베이션을 심어주고 소통의 문화를 형성하는 데 주력하는 인클루시브리더십이 더욱 더 필요하다고 하겠다.

달라진 세상: 신뢰가 키워드

코로나19 팬데믹 이후 재택근무가 뉴노멀(new normal)시대를 이끌 것이라는 전망이 나온다. 온라인 시대에 기업의 지속가능성을 보장해 줄 키워드는 '신뢰'이다. 리더들과 기업의 가장 중요한 내부고객인 직원들과의 신뢰, 주주들의 기업 리더십에 대한 믿음, 책임감 있게 제품을 개발하여 생산하고 소비자들에게 제공할 것이라는 소비자들의 신뢰, 기업시민으로써 다양한 이해관계자들과의 상생전략을 추구할 것이라는 사회의 믿음을 간과하는 기업은 디지털 시대에 낙오자가 될 것으로 보인다.

다시 한 번 강조한다. 뉴노멀시대 자본주의 시장의 게임의 법칙(the rule of the game)이 바뀔 것임을 미리 간파하고 신뢰경쟁에 대한 전략을 신속히 세우고 능동적으로 대처하는 기업만이 살아남을 수 있다는 것을.

CSR

기업의 사회적 책임(CSR)이 코로나를 만났을 때

PART 5

아시아의 CSR이
특별한 이유 두 가지

PART 5

아시아의 CSR이 특별한 이유 두 가지

"우리에게 CSR은 전혀 새로운 개념이 아닙니다. 400여년 이전 설립된 우리 기업의 철학이며, 좋을 때나 나쁠 때나 늘 우리 기업의 역사와 함께 했기 때문입니다. 단지 아시아의 많은 기업에서는 이를 CSR이라는 단어로 사용하지 않았을 뿐이라고 생각합니다."
(수미토모상사 CSR담당부장과 인터뷰 중에서)

아시아에 있는 많은 기업의 리더들과 CSR담당자들과 이야기를 나누다 보면 위와 유사한 의견들을 많이 들을 수 있다. 물론 현재 아시아에서 사용하고 있는 대부분의 CSR에 대한 이론과 용어들이 서구에서 들어오고, 많은 학술 연구들도 서양의 CSR이론을 중심으로 이루어 진 것 또한 사실이다. 하지만 이것이 아시아 기업들의 CSR은 서구의 개념이 들어오기 전에는 전혀 없었으며, 또는 아시아의 CSR이 서구기업들과 비교해 현저히 뒤떨어진다는 의견 등에 나는 동의할 수 없다. 그 이유를 이야기해 보자.

21세기 아시아CSR의 특징은 무엇일까?

물론 아시아 시장에서의 CSR에 대한 통합된 인식은 많이 부족하다. 문화, 종교, 철학이 깊숙히 스며들어 있는 CSR에 대한 아시아적 접근은 서구에 비해 매우 복잡하고 이해하기도 힘들다. 서로 다른 제도적·문화적 특징들을 가진 국가들과, 서로 간의 큰 경제적 격차도 아시아CSR의 다양함과 복잡함에 큰 몫을 차지한다.

나는 코팬하겐비즈니스스쿨의 제레미문 교수와 아시아의 CSR특성과 다이나믹스를 3년 동안 심도있게 연구하였다.5) 아시아의 수많은 기업인들, 학자들과 인터뷰를 진행하였으며, 2000년부터 지금까지 발표된 Asian CSR에 관련된 학술 논문들도 통합적인 조사를 진행하였다. 그 결과 서양의 기업들과는 매우 다른 아시아 시장에서의 CSR에 대한 흥미로운 특징을 발견할 수 있었다.

아시아CSR의 근간은 윤리에 있어

첫째, 서구의 CSR접근과 비교할 때 '윤리적' 기업의 사회적 책임이 아시아에서는 특히 강조되고 있다는 사실이다. 사회에서의 윤리적 책임(societal ethics)과 깊이 관련해서 말이다. 무엇보다도 기업과 기업인의 윤리와 도덕적인 면에 대한 강한 사회적 압력이 아시아 시장의 가장 큰 특징 중에 하나이다.

미국 경영학자 아치 캐롤(Archie B. Carroll)의 CSR피라미드모델은 한국의 많은 CSR담당자들이 선호하는 이론 중에 하나이다. 기업의 사회적 책임은 네 가지 단계로 분류할 수 있는데, 첫째 근본적으로 기업은 이윤 창출을 해야 하며, 둘째 법률을 준수하고, 셋째 윤리적 책임을 지고, 넷째 자선적 활동에 참여해야 한다는 것이다.

나의 연구 결과, 아시아 시장에서는 캐롤의 단계적 접근을 넘어서 더욱더 비중있게 윤리적 책임이 강조되고 있었으며, 아시아 사회 또한 기업들에게 윤리와 도덕적 행동에 대한 큰 압력을 가하고 있다는 것이다. 기업의 윤리적 책임은 개인의 일상생활에 있어서의 윤리적 결정 또는 행동과도 긴밀히 연결된다. 이는 유교, 불교, 힌두교 등 아시아의 전통적 이념 등에서도 큰 영향을 받았다고 하겠다. 아시아 기업들에게서 윤리적인 리더십이 크게 강조되고 있는 것도 이 때문이다.

결론적으로 아시아CSR은 서양의 주류를 이루고 있는 전략적 CSR의 접근과 큰 차이를 보이는 것을 알 수 있다. 이와 관련 한국의 CSR전문가인 양용희 교수의 조언을 상기해 본다.

> "기업 활동에 있어서 경제적 · 법률적 · 자선적 책임은 세계 어디나 거의 비슷하다고 봅니다. 하지만 윤리적 책임은 기업과 특히 기업의 리더들의 자발적 의지가 무엇보다도 중요하다는 것을 명심해야 할 것입니다."

케롤 CSR피라미드모델 수정: 아시아CSR의 윤리적 책임 중요

왜 아시아에서는 기업의 윤리적 책임이 특히 중요할까?

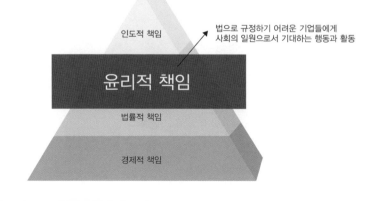

아시아에서는 왜 "Community"가 그렇게 중요합니까?

둘째, 나와 같이 연구를 진행한 제레미교수가 제일 흥미로워하는 부분 중 하나였다. 서양과 많이 다르기 때문이다. Community는 한국말로 지역 사회, 공동체 등으로 해석될 수 있다. 프리만은 그의 유명한 이해관계자이론에서 기업의 성공에 직·간접적으로 이해관계를 가진 모든 사람과 그룹 등을 고려하며 책임 있게 기업활동을 하여야 한다고 주장하였다. 그런데 왜 유독 아시아에서는 제일 중요한 이해관계자 중 하나가 '커뮤니티'인가? 왜 기업과 사회와의 쌍방향 소통과 하모니(harmony)가 특히 강조되고 있는 것인가?

아시아에서의 기업의 탄생 이유가 다르다는 것이다. 다시 말해, 많은 아시아 국가의 기업들은 전통적으로 주주의 이익 극대화를 주목적으로 탄생되지 않았다는 말이다. 사회의 한 일원으로서 속한 사회의 존속과 번영을 위한 기업인으로서 '부자로서의 사명'이 전통적으로 강조되어 왔

향약, 품앗이, 산포요시,……

다. 역사적으로 기업들이 민심을 확보하는 것이 무엇보다도 중요했으며, 이는 폭동을 피하기 위한 주요한 방편이었고, 사업을 확장하는 과정에서도 국가의 주요 공공재를 생산하고 제공하는 데에서도 기업들의 역할이 컸다. 아시아의 많은 나라들에서 이와 같이 '커뮤니티 중심'의 전통에서 서로 협력하는 모습을 목격할 수 있는데, 그 예로는 한국의 향약, 품앗이, 일본의 산포요시(三方よし), 필리핀의 바야니한(buy-uh-nee-han), 말레이시아·인도네시아·싱가폴 사회의 고통로용(gotong-royong) 등이 있다.

결론적으로, 아시아 사회에서는 전통적으로 커뮤니티가 평가하고 심판하는 윤리와 부패, 무능 등이 국가의 리더들에 대한 평가나, 비즈니스의 성공과 실패를 결정하는 데 큰 임팩트를 주었다. 다시 말해, 아시아 시장에서 비즈니스를 진행하는 데 명분과 정당성(legitimacy)을 제공하는 가장 중요한 주체 중 하나가 바로 커뮤니티인 것이다.

다음 장에서는 전반적인 아시아CSR과는 또 다른 특이한 접근을 보이는 한국의 CSR에 대해서 좀 더 자세히 알아보고, 향후 한국 기업이 나아가야 할 방향 등을 같이 고민해 보자.

CSR

기업의 사회적 책임(CSR)이 코로나를 만났을 때

PART 6

마이클 포터의 CSR전략이 한국에서는
왜 안 먹히는 것일까요?

PART 6

마이클 포터의 CSR전략이
한국에서는 왜 안 먹히는 것일까요?

"한국은 CSR에 대한 정치적인 영향력이 큰 것이 하나의 큰 특징입니다. 이와 더불어 NGO와 시민사회의 목소리도 커졌구요. 이같은 다양한 영향력을 무시하고 한국에서 기업활동은 할 수 없기 때문에, 기업은 절대 프리(free) 하지 않습니다."

(한국 패션유통 기업, CSR담당자 인터뷰 중에서)

기업은 절대 프리(free) 하지 않습니다.

자유민주주의 국가에서 기업이 심히 자유롭지 못하다(?)는 한국 CSR 전문가의 자조섞인 목소리는 정부의 책임과 기업의 책임에 대한 근본적인 질문을 나에게 환기시켜 주었다. 물론 많이 나아지기는 했지만 아직도 많은 기업들은 한국 시장에서 자발적인 사회적 책임 또는 사회공헌 활동의 어려움을 겪고 있다고 토로한다. 정부의 지속가능하지 못한 정책들과 불투명한 각종 압력들로 인하여 기업들은 지속가능성이 보장되지 않는 미래를 걱정하고 있다. 그럼에도 불구하고 다국적기업을 포함한 많은 기업들은 한국 시장에서 살아남기 위해 포기하지 않고 다양한 CSR전략을 수립하기 위해 고분분투 중에 있다.

나의 박사학위 논문을 바탕으로 영국 에딘버러대학(University of Edinburgh)의 전략경영 학자인 시몬 해리스(Simon Harris)와 캐내스 아미쉬(Kenneth Amaesh), 한양대학 서창진 교수와 협력하여 한국 기업의 사회적 책임의 특성을 집중분석하였다. 제도이론(Institutional Theory)을 근간으로 30여 명의 CEO 및 CSR 담당자들과의 심층인터뷰를 1회에서 3회 이상 진행하였으며, 관찰(observation) 등을 통해 다양한 데이터를 수집하였다. 본 연구 결과는 SSCI 등재 저널인 Journal of Business Research에 소개되었다.6) 글로벌CSR연구 중 피인용횟수가 높은 논문 중 하나로 평가받고 있으며, 특히 세계 각국의 CSR을 연구하는 데 유용한 참고자료로 많이 인용되고 있어서 글의 저자로써 뿌듯하고 감사하다.

첫째, '단기적 short-term CSR'을 양산하는 정부의 큰 압력

한국의 정부가 바뀔 때마다, 다시 말해 5년마다 CSR을 비롯한 기업에 대한 정부의 정책이 계속적으로 바뀌는 것을 우리는 안타깝게도 계속 목격한다. 기업의 큰 딜레마 중 하나이다. 새로운 정부의 정책과 요구를 따르자니 지속가능한 전략과 CSR경쟁력을 키우는 것이 무리일 수 밖에 없다. 그렇다고 이를 무시하고 기업 고유의 CSR철학과 미션을 바탕으로 장기적 전략만을 고집하자니 그 또한 정부를 비롯한 이해관계자들이 허락해 주지 않을 것이다.

이와 관련 한국의 많은 기업들과 오너들이 정치적 후원금, 기부금, 심지어 뇌물까지도 CSR 또는 사회공헌 지원금이라는 명목 하에 합리화시키는 모습을 심심치 않게 목격한다. 나는 이러한 기이한 한국의 현상을 가슴아프게 지켜 보면서 기업의 잘잘못을 따지기 이전에 정치적 변수에

좌지우지되는, 지속가능한 CSR전략을 꿈꾸기 힘든 기업들의 어려움 또한 헤아려진다. 자발적이 아니라 권력의 요청에 응해야만 하는 지속가능하지 못한 CSR전략 – 선진국의 문턱에 선 한국이 꼭 풀어야 할 과제다.

둘째, 규범적(normative), 전략적(strategic) 압력을 양어깨로 받는 기업들

"솔직히 말하겠습니다. 기업은 무조건 주어야만 하는 산타클로스(Santa Claus)가 아닙니다. 언제나 투자와 전략의 관점에서 CSR을 접근해야 하지요. 이에 외국 기업의 CSR담당자로써 어떻게 하면 CSR을 좀 더 효과적으로 한국 사회와 소통할지 고민을 많이 합니다. 우리 기업의 런던 본사에서는 CSR을 철저하게 '투자와 전략'의 개념으로 접근합니다. 하지만, 한국에서는 CSR에 대한 전략 중심 접근이 사회의 거부감과 함께 우리의 진정성에 대한 오해의 소지를 불러일으킬 수도 있다는 사실을 깨달았습니다. 그래서 우리 회사가 내린 결론은, 외부적 커뮤니케이션은 '사회공헌'이라고 부르자는 것입니다. 내부적으로는 철저한 '투자'의 개념으로

기업은 산타클로스가 아니다.

(출처: 게티이미지뱅크)

전략을 짜더라도. CSR에 대한 회사 내부와 외부의 커뮤니케이션
이 다르다는 얘기지요."

　　　　　　　　　　(서울 주재 외국 기업 CSR담당자와 인터뷰 중에서)

"군자는 정의에 밝고, 소인은 이익에 밝다." 논어의 한 구절이다. 군자
는 개인의 이익을 추구하기 보다는 윤리와 정의에 더욱 뜻을 두어야 한다
는 말이다. 한국 사회에서 전통적으로 내려오는 유교의 규범이 있다. 기
업인들은 비즈니스를 통해 '최대의 이익'을 추구해야 한다는 서구 자본주
의의 가장 근본적인 개념과 상충하는 면이 있는 것이 사실이다. 외국의
기업인들이 한국을 비롯한 동아시아 시장에 들어와서 가장 이해하기 어렵
고 전략을 짜기 어려운 부분 중에 하나라고 토로한다.

　　또한, 한국에서는 기업의 고용, 직원의 복지, 지속가능경영보고서 등
CSR에 관한 많은 부분이 정부와 전국경제인연합회 등 관련 기관의 정책
또는 규범과 긴밀한 연관성을 가지고 있다. 이는 서구의 많은 나라들의
CSR에 대한 접근 방법과 큰 차이점을 보인다. 예를 들어 영국의 경우,
국민들의 건강·복지 시스템은 정부차원으로 통합적으로 지원되고 있기
때문에 기업들의 CSR정책과는 별개로 간주된다. 이에 반해 한국에서는
기업의 사회와 국가경제에 대한 공헌을 CSR과 거의 동일어로 취급함을
알 수 있다. 한국에서 기업의 사회적 책임과 사회공헌이 많이 혼용되어
쓰이는 것도 바로 이 이유에 근거한다고 하겠다.

　　어쨌든, 한국 기업이건 외국 기업이건 한국에서 비즈니스를 하기 위
해서는 한국 시장의 규범들을 따르고 지켜야 한다. 이와 동시에 점점 거
세지고 있는 글로벌 시장의 CSR에 대한 압력과 평가도 무시해서는 안
된다. CSR의 글로벌 경쟁력을 키워야 한다는 것이다. 지구촌의 CSR에
대한 가장 큰 요구와 압력 중 하나는 "전략적·지속가능한 CSR" 수립을
하여야 한다는 요구이다. 이것은 글로벌 시장의 무한경쟁에서 살아남기

위해 떠오르는 기업의 필수적인 경쟁우위 확보 전략 중 하나로 여겨지고
있다.

이와 같이, 국제 시장의 CSR전략에 대한 압력과, 한국 사회와 정부의
규범적 압력 속에서 기업들은 CSR에 대한 밑그림을 현명하게 잘 그려야
할 것이다.

셋째, 내제적(implicit) CSR과 외재적(explicit) CSR의 교차로
에서 고민 중

유럽의 대표적 CSR학자인 독일 출생 딕 마틴(Dick Martin)과 영국 출
생 제레미 문(Jeremy Moon) 교수는 CSR을 내제적 CSR과 외재적 CSR로
분류하였다. 예를 들면 독일과 프랑스 등 유럽의 많은 국가들과 일본의
CSR은 국가와 사회의 법질서와 규율 속에 암묵적으로 내제돼 있는 내제
적 CSR의 성격을 보이는 반면, 미국을 비롯한 앵글로섹슨계 국가들에서
는 CSR이 더욱 명시적이고 적극적인 외재적(explicit)인 형태를 보인다는
것이다.

그렇다면 여러분이 생각하는 한국의 CSR은?
한국의 한 대기업의 지속가능경영팀장과의 인터뷰 중 한 대목이다.

"회장님께서 생각하시는 우리 기업의 CSR의 원칙은 '오른손이
하는 일을 왼손이 모르게 하라'입니다. 우리의 착한 일을 굳이 남
에게 알릴 필요는 없다고 생각하시는 거지요. 하지만, CSR활동에
대한 이해관계자들과의 커뮤니케이션이 필수불가결하다는 것을 시
간이 지나면서 알게 되었습니다. 또한 CSR은 우리의 브랜드 이미
지와도 직결됩니다. 결론은 CSR은 계란과도 같습니다. 우리가 요
리를 잘하면 맛있는 음식으로 존재하지만, 만약 간과한다면 비참

하게 깨질 것입니다. CSR에 있어서 침묵이 미덕은 아닌 것이지요."

한국의 사회와 전통문화에서는 겸손하고 자랑하지 않는 암묵적인 CSR을 더욱 요구하지만, 반면 정부와 국제 사회에서는 각종 정책과 규정을 준수하고 있음을 확실히 밝히고, CSR을 기업전략으로 홍보하여 경쟁우위를 확보해야 하는 것을 요구하고 있다. 이와 관련하여 CSR이 기업의 마케팅 또는 PR전략과 긴밀히 연결된다는 많은 연구들도 쏟아져 나오고 있다. 반면 CSR이 PR을 위한 단순전략으로만 치부돼서는 안 된다는 비판도 만만치 않다.

그렇다. 이 또한 CEO나 CSR전략 담당자들이 풀어야 하는 하나의 중요한 숙제인 것이다. 한 건설업체의 CSR담당부장의 말을 소개하며 한국 CSR에 대한 나눔을 마치려 한다.

"많은 한국의 기업들이 CSR을 PR이나 마케팅전략의 한 부분으로 보고 있는 것이 사실입니다. 다시 말해, 오늘의 사회공헌 이벤트가 내일의 신문에 잘 기사화되지 못하면 그것은 망한 프로그램으로 간주합니다. 하나의 CSR프로그램을 만드는 데 백만 원을 소요했다면 이 프로그램의 PR을 위해 이백만 원을 지출합니다. 이러한 기이한 현상이 꼭 기업만의 문제일까요?"

경영에는 정답이 없다. 하물며 CSR에서는……. 젊은이들이여. 한국 CSR의 미래에 대하여 우리 같이 계속 고민해 보자.

CSR

기업의 사회적 책임(CSR)이 코로나를 만났을 때

PART 7

한국 기업들의
공유가치창출(CSV)의 미래는?

PART 7

한국 기업들의
공유가치창출(CSV)의 미래는?

'사회적 가치'와 '경제적 가치' 두 마리 토끼를 동시에 잡을 수 있는 공유가치창출(CSV)

마이클 포터(Michael Porter)와 그의 동료 마크 크레머(Mark R Kramer)는 기업들의 사회적 책임에 대한 근시안적 접근을 비판하면서 공유가치창출(Creating Shared Value)이라는 새로운 이론을 2011년 하버드비즈니스리뷰에 처음으로 발표하였다.[7] 경제적 이기심을 근간으로 존재하는 현재의 자본주의는 심각한 공격을 받고 있으며, 이에 기업들은 지금과는 다른 사회적 책임의 모습을 보여주어야만 살아남을 수 있다고 역설하고 있다. 사회공헌이나 사회적 책임을 넘어선 '사회적 가치'와 '경제적 가치'를 동시에 추구할 수 있는 전략 즉 공유가치창출(CSV)을 기업들은 추구해야 한다는 것이다.

마이클 포터와 마크 크레머

기업은 산타클로스가 아니라는 논리이다. 다시 말해, 단순히 사회에 기여하거나 돕는 차원인 사회공헌 활동에 머물러 기업이 산타클로스가 돼야 한다는 인식은 바뀌어야 한다는 주장이다. 공유가치창출 이론이 주목받고 있는 중요한 이유 중 하나도 사회공헌이나 CSR의 전략 부재에 대한 기업들의 피로감 때문이라고 여겨진다. 특히 내가 만난 많은 기업인들은 CSR활동으로 인한 구체적인 경제적·사회적 결과가 미온한 것이 주주 및 이해관계자들을 설득하는 데 큰 어려움이라고 토로하였다.

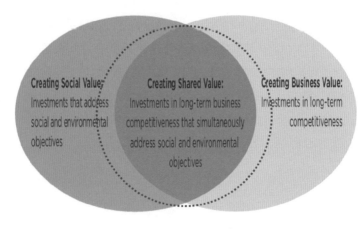

(FSG Report, 2011)

　　또한 많은 기업들이 성급하게 CSR을 일시적 PR 또는 마케팅전략과 연계하는 것도 심심치 않게 목격한다. 이로 인해 CSR을 진행하면 할수록 그 진정성에 대한 시민사회의 늘어나는 비판은 기업들에게 CSR의 미래에 대한 회의를 느끼게 하고 있다. 이런 시기에 때마침 기업들에게 만병통치약처럼 나타난 이론이 바로 공유가치창출(CSV)인 것이다.

CSV가 기업에게는 만병통치약?

　　CSR이론의 한계에 대한 비판에서 허덕이고 있던 많은 기업들에게 CSV는 매우 매력적이며 혁신적인 이론처럼 받아들여졌다. 2011년 소개된 이후 Nestlé, Unilever, Allianz, Novartis 등 많은 글로벌 기업들이 CSV를 기업경영의 주요전략으로 채택하고 적극적으로 홍보하고 있다.

CSV 대표사례: Nestlé, Unilever

(출처: 각 회사 홈페이지 참조)

　　아시아의 기업들도 예외는 아니다. 더욱 흥미로운 것은 본인이 진행한 '아시아 기업들의 CSV'에 대한 연구에 의하면, CSV이론에 대해 받아들인 정도가 경제적·제도적 배경에 따라 나라마다 현저한 차이를 보였다.[8] 유행에 민감한 편인 한국은 이론이 처음 소개되었을 때 'CSV신드

롬'이란 말이 생길 정도로 아시아 국가 중 가장 환영하고 다양한 담론이
오가는 것을 목격할 수 있었다. 반면, 일본의 기업들은 상대적으로 CSV
에 대하여 좀 더 조심스러운 접근을 보여주고 있었다. 새로운 이론에 대
한 신빙성을 좀 더 신중히 지켜보자는 의견들이 더 많았다. 반면 중국 기
업들의 CSV이론에 대한 관심은 정부정책의 부재와 맞물려 특별히 목격
되지 않았다. 결론적으로, 나는 본 연구를 통하여 각 나라의 문화적 특성
과 제도적 차이에 따라 아주 다른 접근방식을 보이고 있는 아시아 시장
에서의 CSV전략을 흥미롭게 목격할 수 있었다.

CSV의 이론적 모순들

전반적으로 비즈니스사회에서 CSV이론에 대한 관심과 환영이 목격된
반면, 글로벌 학계에서는 비판적 의견이 거세다. 특히 내가 유럽의 다양
한 학회에 참가하면서 느낀 것은 유럽학자들의 비판은 더욱 맹렬하다는
것이다. 한 독일학자는 "CSV는 한 유명한 미국학자의 유행을 탄 마케팅
전략에 편승된 작품에 지나지 않는다"며 조금은 감정이 섞인 비판 아닌
비판을 하기도 하였다. CSV이론에 대한 학계의 주요 비판은 다음의 세
가지로 요약된다.

첫째, CSV는 진히 새로운 이론이 아니라는 것이다. 또한 탄생된 이론
적 근거도 미미하다. CSV는 CSR에 대한 지적 복제(intellectual piracy)에
불과하다. 다시 말해 CSV는 현재 많은 기업에서 진행하는 CSR 또는
CSR전략과 특별히 다를 게 없다는 논리다.

둘째, 기업과 사회와의 관계는 포터와 크레머가 얘기한 것처럼 그렇
게 이상적이고 협력적이지만은 않다는 것을 주시해야 한다. 사회 안에서
의 기업의 역할에 대한 매우 순진하고 안일한 인식을 가졌다는 비판이
주된 내용이다. 기업의 CSV전략이 쉽게 win-win 원더랜드를 만들 것
이라는 꿈을 버리라는 경고를 하고 있다. 기업과 사회의 속성은 근본적

으로 다르기 때문이다.

셋째, 윤리가 결여된 CSV는 사상누각이라는 주장이다. CSV는 윈윈 (win-win)전략을 넘어서야만(beyond win-win)9) 하고, 복잡한 글로벌 사회에서 예상되는 'win-lose'와 'lose-win'상황을 지혜롭게 대처할 수 있는 윤리적·도덕적 뼈대를 구축하는 것이 기업들에게 무엇보다도 필요 하다는 주장이다. 이는 현재 급변하는 기업환경에 대처할 수 있는 가장 핵심적인 역량 중에 하나이며 기업생존의 필수 요소인 것이다.

한국 CSV의 미래? 기업과 사회가 같이 고민할 문제

현재 진행하고 있는 사회공헌과 CSR활동의 한계를 직시하고 긍정적 변화를 추구한다는 CSV이론이 적어도 한국 기업들이 나아갈 방향과 정 체성을 찾는데 중요한 도움을 줄 것이라고 여겨진다.

정부의 역할 또한 중요하다. "정부가 제대로 그 역할을 다한다면 CSR ·CSV 등이 뭐 군이 필요하겠습니까?" 한 싱가폴 학자와 의견을 나누던 중에 나온 말이다. 한국 사회가 CSV를 기업만의 책임과 전략에 국한하여 논의하게 된다면, 그 해답은 결코 찾기 힘들 것이다. 기업이 멋지게 사회 와 게임을 즐길 수 있는 무대와 투명한 규칙들을 만들어 주는 것이 정부 의 책임이다. 비도덕적인 압력이 팽배하고 위험하고 재미없는 무대에서 어떻게 기업들이 멋진 윈-윈 공연을 보여 줄 수 있겠는가?

또한 철저한 이론적인 back-up과 성공적인 한국만의 CSV비즈니스 사례의 발굴을 위한 학자들의 고뇌와 노력도 요구된다. 이러한 사회 전 반의 통합된 노력과 의견수렴이 동반되지 않는다면 한국 기업들의 사회 공헌을 넘어선 CSV의 윈-윈 전략 추진의 노력은 실패할 가능성이 크다 고 본다.

후진적 경쟁사회일수록 '실패의 책임'을 상대적 약자에게 돌리려는 유 혹에 쉽게 빠진다고 한다. 결론적으로 한국의 CSV미래의 성공 또는 실패는 기업을 비롯한 한국 사회 구성원들의 현명한 협력과 책임의 나눔에 달려있다는 것이다.

CSV가 한국 사회에서 곧 사라질 많은 일시적인 유행어들 중 하나가 되지 않기를 바란다.

CSR

기업의 사회적 책임(CSR)이 코로나를 만났을 때

PART 8

기린과 이토엔:
맥주와 녹차를 가지고 공유가치창출을
말하다.

PART 8

기린과 이토엔:
맥주와 녹차를 가지고 공유가치창출을 말하다.

맥주와 CSV

맥주를 마시면 행복하십니까? "Changing local pride into flavor" 일본의 맥주회사인 기린(Kirin)의 공유가치창출(CSV)과 연계한 한 제품의 슬로건이다.

얼마 전 도쿄에서 기린의 CSV부서 담당자들과 인터뷰를 진행하였다. 일본의 많은 기업들과는 달리 기린이 일본에서 선두적으로 CSV를 기업의 중심전략으로 추진한 이유는 무엇보다도 기업의 "생존"과 긴밀한 관련이 있음을 발견할 수 있었다. 기린 CSV담당 부이사는 다음과 같이 피력했다.

"CSV를 우리 비즈니스의 주요전략으로 채택하기까지 약 2년 동안 우리 기업 내부의 심각한 토론과 고민이 있었습니다. 결론은 맥주·음료 회사로써 우리에게 제일 중요한 것은 기업의 명성과 직결된 소비자들의 신뢰라는 것입니다. 알코올회사에 대한 소비자들의 전통적인 인식을 초월하는 그 무엇인가가 필요했고, 이에 우리의 제품들이 고독, 대화부족, 노령화 사회 등 현재 일본의 심각한 사회문제들을 해결하는 데 도움을 주고 국민들에게 행복을 가져다 준다는 점을 부각시켰습니다. 동시에 지역의 양조장을 이용하는 등 지역 사회와 함께 상생한다는 전략을 추진하기 시작했습니다. 이것이 우리 CSV전략의 탄생배경인 것입니다."

맥주(이치반시보리) 기린 CSV

저성장 시대, 기업은 '성장'보다는 '생존'하는 것이 관건이다. 기린에게 공유가치창출은 일본이 직면한 다양한 사회문제들을 해결하는 데 있어서, 기업들이 비즈니스활동을 매개로 기업시민으로서 어떻게 사회 활

동에 참여할 수 있는지에 대한 명확한 기업전략의 예인 것이다. 다시 말해 알코올·음료기업으로서의 생존 수단으로서의 CSV전략은 사회공헌 또는 CSR 그 이상의 기업의 경영가치인 것을 보여 준다.

47가지의 맛을 내는 맥주

이치반시보리는 기린의 CSV전략으로 탄생한 맥주이다. 2016년 런칭한 이치반시보리(一番搾り) 프로젝트의 전략은 다음과 같다. 일본은 47개의 현으로 구성되어 있다. 이전까지 전통적으로 맥주의 맛은 일본 어느 곳에서 만드냐에 상관없이 똑같다는 고정관념이 있었다. 하지만 기린은 연구를 통하여 이는 사실이 아님을 발견했다. 최근 20여년간 일본의 맥주소비는 급격히 감소했는데 그 주요 이유 중 하나는 맥주의 맛이 더 이상 소비자들에게 어필을 못하기 때문이 아니냐는 분석에 도달했다. 이에 기린은 'Changing local pride into flavor'라는 CSV전략으로 각 현들의 양조장들과 협력하여 서로 다른 47개의 맛을 내는 맥주를 개발하는 데 주력하였다. 각 지역의 전통적인 양조장의 다양한 제조방법을 존중하며 다양한 맛의 맥주를 개발하는 데 성공하였다. 맥주를 통한 원-원 전략으로 일본 지역 사회 주민들의 자긍심을 고취시켰고 그들의 경제적 삶을 지원할 수 있었다. 또한 이는 기린의 사업 회생에도 크게 도움이 되었다. 처음 예상의 두배의 매출을 기록했으며 책임감 있는 기업시민으로써의 일본 사회의 믿음도 얻을 수 있었던 성공적인 공유가치창출의 비즈니스 사례로 여겨진다.

내 수업을 들었던 한 일본 학생의 이치반시보리 맥주에 대해 재미있게 한 말이 생각난다.

"교수님, 사실 제가 느끼기에는 도쿄나 후쿠오카나 오이타나 이치반시보리의 맛은 다 똑같던데요? ㅎㅎ"

기대수명 100세 시대의 녹차의 의미

Creating the shared value of 'HEALTH'. 이토엔(ITO EN)은 일본의 가장 유명한 녹차와 소프트드링크 회사이다. 지금의 일본 제일의 녹차 회사에서 글로벌 티 컴퍼니(Global Tea Company)로 거듭나기 위하여, 단기적 기업의 이익창출 성과에 목메기 보다는 100년·200년 후를 내다보는 장기적인 경영전략들이 나의 학문적 관심을 유도하기 충분했다. 무엇보다도 이토엔은 지속가능한 기업의 성장에 초점을 두고 있음을 발견할 수 있었다.

> "건강은 우리 회사가 추구해야할 가장 중요한 가치입니다. 우리의 경쟁력인 최고의 녹차 생산 기술을 이용하여 소비자들의 건강한 라이프스타일을 서포트하기 위해 노력하고 있습니다. 예를 들어, 2004년부터 생산한 오이 오차 코이차(Oi Ocha Koicha)는 특히 건강을 고민하는 40대·50대 중년 남성들로부터 전폭적인 사랑을 받아왔습니다. 2019년 우리 회사는 체지방을 줄이는 데 유용한 갈레이트 타입 카테친(gallate-type catechin) 신기술을 개발하여 소비자의 건강을 위한 더욱 획기적인 녹차제품을 출시하였습니다. 우리의 이노베이티브한 기술을 제품에 접목시켰지요. 어느 학자가 얘기했던 '기대수명 100세 시대를 더 풍요롭게 준비하기 위한 지혜'를 나누고 건강의 가치를 선도하는 기업이 되기 위한 우리의 노력은 계속될 것입니다."
> [다이수케 혼조(Daisuke Honzo) 대표이사의 메시지 중에서, 이토엔 2019 통합리포트]

이토 엔(ITO EN) 녹차

(출처: https://itoen.com/products/oi-ocha-bold-green)

이토엔의 대표적 CSV활동 중 하나로 녹차 생산지역 개발프로젝트를 들 수 있다. 지역 사회와 지역정부가 긴밀히 협력하는 녹차잎 조달 사업 중 하나로 각 지역의 버려진 많은 농지를 이용하자는 내용이 골자이다. 지역 농민들, 중소기업들이 녹차잎 생산을 주도하면서 이토엔은 선진기술과 노하우를 공급하여 그들의 성공적 생산을 돕고 전량을 구입하여 이토엔 제품으로 생산한다. 각 지역의 지방은행들 또한 농민들의 노력을 적극적으로 독려하고 투자하며 침체된 지방경제를 살리기 위해 노력을 하고 있다. 삶의 무게에 허덕이는 전국의 농민들과 중소기업을 지원하는 이토엔의 공유가치를 창출하는 중요한 전략 중의 하나이다.

"최근 일본 농업분야의 가장 큰 문제점들은 농민들의 노령화와 농사를 물려받지 않으려는 젊은이들, 그러면서 소비의 다변화를 따라잡지 못하는 농업의 한계입니다. 앞서가는 기업으로써 우리는 이 사회문제들의 해결을 위해 노력할 것이며, 이 노력을 통하여 이토엔만의 지속가능한 비즈니스 성장모델을 만들 것입니다."

[요시히사 나카노(Yoshihisa Nakano) 생산부문 이사와의 인터뷰 중에서, 이토엔 2019 통합리포트]

농업은 나라와 시대의 도움이 전적으로 필요한 산업이라 생각한다. 한 나라의 삶의 질과 미래를 결정할 가장 중요한 산업인 동시에 가장 취약한 분야이기도 하다. 경쟁력이 점점 낮아지는 한국의 농업과 농촌을 걱정하고 다양한 대안을 찾기 위해 고민하는 한국의 정부, 기업, 시민들, 특히 미래를 이끌어 나갈 젊은이들에게 제안한다. 농업 – 먹거리 – 이노베이션을 잇는 '공유가치창출'을 한국의 지속가능한 농촌을 위하여 우리 같이 고민해보면 어떨까!

* 이 글은 2017년 11월 〈Forum C〉에 실린 글 중 일부를 발췌한 것이 포함되어 있다.

CSR

기업의 사회적 책임(CSR)이 코로나를 만났을 때

PART 9

기업의 위기경영:
대한항공 땅콩회항 스캔들을
분석하며

PART 9

기업의 위기경영:
대한항공 땅콩회항 스캔들을 분석하며

땅콩회항 사건을 보는 해외의 반응

전혀 예상하지 못한 일이었다.

2014년 12월 5일, 대한항공 땅콩회항 사건이 미국 JFK공항에서 발생할 당시 나는 일본에 있는 대학에서 근무하면서 한국뿐만 아니라 미국, 일본을 비롯한 전세계의 여론들을 동시에 살펴보면서 매우 기이한 현상을 발견하였다. 아시아에 있는 작은 한 나라의 한 명의 기업인의 사건이 세계적으로 너무나 큰 주목과 반향을 불러 일으켰으며, 일개 기업이 아닌 한국의 특이한 재벌중심 경제구조에 대한 갖가지 의문과 비판으로 국제 사회에서 심도있게 다루는 것을 목격할 수 있었다.

나는 우리 학교의 유능한 연구조교들과 함께 땅콩회항 사건에 대한 한국과 해외 400여개의 언론기사들을 Chi-Squared Test분석을 통해 연구하였다. 결과를 서술한 논문은 SSCI등재 학술지 중 하나인 비즈니스 호라이즌즈(Business Horizons)[10]에 소개되었다. 나의 연구팀은 한국 기

땅콩회항 사건

업의 일개의 사건을 지켜보는 해외의 반응이 갑질문화 등에 포커스를 둔 국내의 반응과 왜 이렇게 현저한 차이를 보이는 지를 탐구하고 규명하였으며, 한국과 글로벌 기업들이 위기상황에 닥쳤을 때 어떻게 현명하게 대처해야 하는지에 대한 방안을 제시하고자 하였다.

국제 사회는 땅콩회항 사건을 대한항공'만'의 사건으로 여기시 않는다.

무엇보다도 국제 사회는 땅콩회항 사건을 일개 기업의 문제가 아닌 한국 재벌구조의 고질적인 시스템상의 문제로 보는 경향이 두드러졌다. 다시 말해서, 삼성, 현대를 비롯한 한국의 재벌구조 전체의 문제로 한국 사회가 좀 더 신중하고 무겁게 받아들어야 할 사건이라고 세계 유수의 많은 언론들이 조명하였다.

왜 대한항공 사건에 삼성까지? 도전할 수 없는 재벌의 지배구조, 비윤

리적인 재벌들의 기업경영, 몇몇 재벌들에 의해 좌지우지되는 한국 경제
시스템과, 이에 따른 최근 한국 국민들의 분노와 개혁 요구들을 땅콩회
항사건을 계기로, 외국의 언론들은 통합적으로 설명하는 경향을 보였다.
결국 국제 사회는 이번 사건을 대한항공 한 기업만의 문제가 아닌 한국
사회 전체의 다양한 지배구조 문제들이 압축된 사례로 보고 있는 것이다.

직원들은 어디에? No sincere apology to employees?

'Nut rage' incident could result in sanctions against Korean Air

Airline faces punishment for pressuring staff to lie during investigation into fiasco involving chairman's daughter

▲ Cho Hyun-ah ordered a senior flight attendant off a flight after she was served macadamia nuts in a bag in first class. Photograph: Yonhap/AFP/Getty Images

(출처: https://www.theguardian.com/world/2014/dec/16/
nut-rage-incident-sanctions-korean-air#:~:text=S
outh%20Korea's%20transport%20ministry%20has,a%
20top%20Korean%20business%20family)

기업의 가장 중요
한 이해관계자 중 하
나가 직원들이다. 사건
이 난 직후뿐만 아니
라 그 이후에도 대한
항공 및 관련 임원들
에게서 피해 직원들에
대한 진정성이 느껴지
는 사과를 찾아볼 수
없음을 많은 해외언론
들은 지적하고 있었다.
이는 사건 후 리스크
를 다루는 기업전략의
(i.e., 언제, 어떻게, 누구에게 '진정으로' 사과해야 하는지) 부재가 사건발생 후
대한항공에게 더 큰 위험과 부끄러움을 초래했다는 해석이다. 많은 해외
언론들은 리스크경영의 큰 실패사례라고 소개하였다.

아직도 직원들을 시시하게 보는 기업이 글로벌 시장에서 버틸 수
있을까?

글로벌 시장의 '게임의 법칙'이 변하고 있음을 기업들은 직시해야

기업을 평가하는 세계 시장의 룰이 변했음을 간파하고 위기가 발생할 경우 신속하게 대처하는 것이 기업의 성패와 운명을 결정하는 시기가 지금이라는 것이다. 기업·기업인에게 사건사고는 언제 어디서나 발생할 수 있다. 특히 디지털 세상의 도래로 인하여 기업의 실수를 숨길 수 없는 세상이 되었다. 기업인의 모든 행동들은 세계의 소비자들과 이해관계자들에게 낱낱이 실시간으로 공개되고 평가받는 세상이다.

대한항공 사건도 직원들의 SNS를 시작으로 세상에 밝혀졌다. 위기 상황 발생 시 무엇보다도 중요한 것은 사건 직후 사건의 본질을 신속하고 파악하고 필요시 진실된 사과와 투명한 사후처리를 하는 것이다. 위기 때 윤리적 리더십을 보여주는 것이 무엇보다도 중요하다는 말이다. 이는 국내·국제 사회의 신뢰를 얼마나 빨리 회복할 수 있느냐와 관련된 중요한 위기경영(risk management)의 한 방안이라 하겠다.

잘못을 저지른 후 법의 뒤로 숨지 말아야

기업이 실수를 저지른 후 법률적인 합리화로 빠져나갈 궁여지책을 찾

기 위해 비싼 변호사를 급구하기보다는, 무엇을 먼저 전략적으로 준비해야 하는지 현재 글로벌 시장의 변화된 '게임의 법칙'을 깨달아야 한다.

(출처: https://www.ft.com/content/3a45e0da-7f73-11e4-b4f5
-00144feabdc0)

최근 잘못을 저

지른 후 많은 기업들이나 사회의 리더들이 언론 앞에서나 국회 청문회 때 말하는 "법리적 판단을 기다리겠다(?)"가 사회의 근엄한 윤리적 심판을 피하기 위한 하나의 교묘한 수단으로 사용돼서는 안 된다는 말이다. 다시 말해 법률적 잣대를 넘어선 윤리적 잣대는 기업(인)을 평가하는 글로벌 시장의 가장 중요한 '게임의 법칙'으로 작용하고 있음을 본 연구는 강조하고 있다. 이와 같은 글로벌 시장의 흐름을 현명하게 간파하고 역주행하지 않는 위기탈출 전략을 한국의 기업들은 속히 세울 것을 제안하는 바이다.

CSR

기업의 사회적 책임(CSR)이 코로나를 만났을 때

PART 10

경영대학 교수님들, 당신들은 유죄입니다.

PART 10

경영대학 교수님들,
당신들은 유죄입니다.

비즈니스맨은 전문직인가?

비즈니스맨이 의사나 변호사같은 전문직으로 생각하는가? 그렇다면 그 전문성은 어떤 기준으로 누구에 의해 평가되고 있는가? 하버드비즈니스스쿨의 라케슈 쿠라나(Rakesh Khurana)교수팀은 "만약 비즈니스가 전문직이라면 지금 우리가 목격하는 이렇게 많은 기업의 bad guys는 없었을 것"이라고 주장하였다.11) 전세계의 무책임하고 무감각한 많은 비즈니스맨들을 볼 때 비즈니스는 절대 전문직이라고 볼 수 없다는 주장이다.

직업의 전문성의 유무를 파악하는 가장 중요한 평가지표 중 하나는 해당 전문성이 얼마만큼 사회에 기여하느냐 하는 것이다. 매일 이루어지는 기업활동이 얼마나 사회의 발전에 기여하고 참여하느냐를 전문적으로 밝히지 못한다면 비즈니스맨들은 절대 전문가가 될 수 없다는 도덕적 의문은 지속될 것이다. 또한 글로벌 시장으로부터 기업활동의 정당성(legitimacy) 확보의 문제로 늘 허덕일 것이다.

그렇다면 누구의 책임인가?

인간의 기본적인 본성은 탐욕하며, 이 사회는 기회주의자들만 득실거릴 뿐이라는 왜곡된 의식의 만연은 누구의 책임인가?

오직 물질만능주의적인 인간들만이 이긴다는 편협하고 구시대적인 의식에 대한 사람들의 믿음은 누구의 책임인가?

기업의 역할은 돈을 버는 것뿐이라는 경영의 개념을 한정한 것은 누구의 책임인가?

기존 시스템은 변경할 힘이 나에게는 없으며, 나의 인생은 스스로 컨트롤할 수 없다는 비즈니스맨들의 무력함과 절망은 누구의 책임인가?

경영대학 교수님들, 당신들은 유죄입니다.

(출처: 게티이미지뱅크)

(Business school faculties are at best guilty)

미국 USC 마샬경영대학 학자인 이안 미트로프(Ian Mitroff)[12]는 엔론과 앤더슨 같은 기업들이 뿌리를 내리고 번성하는 글로벌 자본주의시장의 환경을 조성한 것은 무엇보다도 경영대학 교수들의 책임이 제일 크다고 실랄하게 성토하였다. 더 최악인 것은, 비즈니스맨들의 조잡하고 범죄적인 행위들에 대해 경영대 교수들은 철저한 공범자들이라는 것이다. 경영학자들이 이 문제의 심각함을 인식하고 책임 있게 그 이유들을 파악하지 못하고, 기업들의 무책임한 행위들을 계속 도와주고 방조하기만 한다면 비즈니스와 비즈니스스쿨의 미래는 없다고 경고했다.

경영대학교는 공격받고 있습니다. Business Schools are Under Fire!

경영대학에서의 윤리와 관련 다양한 세계적 이론들에 대한 가르침이 부족하다고는 생각하지 않는다. 문제의 핵심은 이러한 이론들의 현실적 용이 얼마나 가능하고 그 한계는 무엇이며 어떻게 한계를 뛰어넘어 진정한 윤리적 리더십을 발휘할 수 있을지를 경영대학 교수들이 미래의 리더들과 심도있게 토론하고 그들의 미래를 위해 같이 고민하고 있냐는 것이다.

본인의 윤리경영 수업의 첫 시간은 독일의 철학자 이마누엘 칸트(Immanuel Kant)의 의무론(Deontology)과 최대 다수의 최대 행복을 주장한 존 스튜어트 밀(John Stuart Mill)의 공리주의(Utilitarianism)를 학생들과 토론하면서 시작한다.

상반된 이 두 이론의 핵심은 어떤 결정이나 행동이 윤리적인지를 판단할 때 그 기준을 동기에서 찾느냐 아니면 그 결과에서 찾느냐 하는 것이다. 칸트의 의무론에서 도덕적인 행위라는 것은 이 행위로 말미암아 어떤 결과가 나오든 상관없이 그 동기에 따라 절대적으로 옳거나 그름을 판단할 수 있다. 예를 들면, "살인하지 말아라", "거짓말하지 말아라", "부인·남편에게, 여자친구에게·남자친구에게 거짓말하지 말라"처럼 "WHY"를 질문할 필요가 없이 도덕적 행위의 유일한 동기는 의무감이라고 보는 것이다.

이마누엘 칸트(Immanuel Kant)와 존 스튜어트 밀(John Stuart Mil)

반면 밀의 공리주의는 "최대 다수의 최대 행복"에 근거하여 최대 다
수의 이해당사자들에게 이익과 행복, 쾌락을 주는 결과를 창출한다면 이
러한 행동들은 그 동기가 불순하더라도 옳은 행동이라고 여겨질 수 있다
는 것이다. 예를 들면 기업이 뇌물을 제공하는 행위가 근본적으로 나쁘
긴 하지만, 어떤 나라에서는 기업활동을 시작하고 지역정부의 허가를 받
기 위해 필수불가결한 기업에게 허락된 활동이라는 것이다.

여러분은 어떻게 생각하는가? 위의 논리에 대해서 토론을 하다보면
학생들에게서 다양한 질문들을 받는다. 기억나는 질문의 몇가지 예로는:

"최대 다수의 최대 행복에서 '최대 다수'란 누구를 의미합니
까? 최대 다수의 '인간들'만의 행복을 위해 동물들을 학대할 수 있
으며, 자연을 파괴하는 기업들을 옳다고 받아들여질 수가 있다는
말입니까?"

"행복이란 무엇이지요? 정신적 행복, 육체적 쾌락, 또는 그 외의 무엇을 의미하는 것입니까?"

"최대 행복이란 또 무엇입니까? 행복을 최대·최소 숫자로 비인간적인 방법으로 계산할 수 있는지요?"

"기업의 최대 이익을 위해 직원들을 그 도구로 사용할 수 있다는 말인지요?"

"일본에서 옳다고 판단되는 기업활동이 한국이나 미국에서도 똑같이 옳다고 여겨질 수 있을까요?"

경영대학교 교수님들. 이와 같은 다양한 토론을 학생들과 하고 계신줄로 믿는다.

세계적으로 유명한 경영 또는 윤리에 대한 이론과 사상들은 요동치는 현대사회에서 적용하기는 그 기준이 애매하며, 어떻게 글로벌 시장과 사회의 압력과 매치시켜야 하는지도 의문이다. 다양한 현지 시장의 문화와 제도들에 대한 이해와 현실에 근거한 현명한(savvy) 접근이 비즈니스맨들에게 요구된다 하겠다. 또한 경영학자들의 근본적인 자기성찰과 고민, 끊임없는 연구가 요구되는 부분이기도 하다.

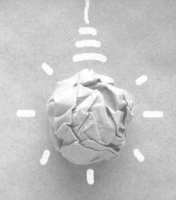

CSR

기업의 사회적 책임(CSR)이 코로나를 만났을 때

PART 11

교수님, 경영대학교에서
왜 따분한 윤리를
가르치시나요?

PART 11

교수님, 경영대학교에서
왜 따분한 윤리를 가르치시나요?

어른들의 사회를 불신하는 청년들 – 전 세계의 동일한 현상

미안하지만, 따분한 윤리경영은 많은 경영대학들의 필수과목이다. 배우고 싶지 않지만 어쨌든 여러분이 우수한 경영대학에서 공부를 해야 한다면 필수적으로 이수해야 하는 과목인 것이다. 윤리경영 수업은 국제비즈니스스쿨 인증을(예 AACSB, AMBA, EQUIS 등) 받는데 필수 과목이며 가장 강조되는 과목 중 하나이다.

나는 자의반 타의반으로 전 세계에서 모인 학생들을 대상으로 윤리경영을 가르친지 어언 12년이 넘었다. 도덕에 관련된 철학과 이와 관련된 다양한 서양과 동양의 이론들은 학생들이 수업에 충실하고 시험에 패스하면 된다. 하지만 학생들과 토론하면서 발견한 가장 큰 문제는 유명하고 그럴싸한 학자들의 이론이나 주장들을 접목시키기 어려운 현실, 즉 '문제가 많은 어른들의 사회'라는 젊은이들의 실랄한 비판과 무력감이다.

Imaginary Story

많은 교수들은 학생들과 재미있게 토론하기 위해 상상의 스토리 (imaginary story)를 만들어 수업시간에 이용한다. 현실의 비즈니스케이스로는 다룰 수 없는 다양하고 심도있는 문제들을 상상의 스토리를 만들어 나누고 수업시간에 배운 이론들을 접목시키도록 학생들을 유도하는 것이다. 나 또한 "윤리적 딜레마: 당신은 어떻게 결정하시겠습니까?"라는 테마로 재미있는 상상의 스토리를 만들어 학생들에게 미래의 비즈니스리더로써 고민하게 하고 질문을 던진다. 내가 만든 스토리의 줄거리는 이렇다.

> "당신은 미국 매사추세츠주 보스턴에 본사를 두고 있는 큰 다국적은행의 재무부장입니다. 어느날 갑자기 당신은 아시아에 있는 ABC랜드로 파견되었으며, 주요 임무는 ABC랜드에 있는 한 상장기업의 인수를 추진하여야 하는데, 일년 안에 자산을 전부 몰수하고 문을 닫게 하여야 한다는 것입니다. ABC랜드의 무하마드씨가 현재 이 기업의 사장으로 있는데, 기업의 어려움과 직원들의 생계, 지역 사회에서의 중요성 등을 들어 기업의 문을 닫지 말아줄 것을 간절히 애원하고 있습니다. 한편 보스턴 본사에서 ABC랜드 정부에게 이 인수작업을 위해 뇌물을 주었던 것도 당신은 뒤늦게 알게 되었습니다. 본사의 명령을 따르지 않는다면 당신은 물론 당신의 가족들도 ABC정부로부터 위협을 당할 것입니다. 당신은 어떻게 결정하시겠습니까?"

세계에서 모인 많은 학생들은 이 이야기를 머지않아 닥칠 본인들의 이야기처럼 심각하게 고민하고 그 해결점을 찾으려 노력하는 모습을 보여준다. 몇몇 학생들의 의견들이다.

"본사의 명령을 따르는 것이 나의 가장 큰 책임이라고 생각합니다. 개인적으로는 옳지 않은 행동이라고 생각하지만……" (독일 학생)

"뇌물은 나쁜 것입니다. 하지만 이 상황에서 내가 취할 단 한 가지 방법은 본사의 지침에 순응하는 것 뿐입니다. 아니면 나의 가족들의 생사에 큰 문제가 생길 것이니까요." (일본 학생)

"많은 사람들이 우리는 다 평등하게 인권(human right)을 누릴 권리가 있다고 얘기하지만, 이는 말장난과 수사여구에 불구하지요. 이 케이스처럼 말입니다." (인도네시아 학생)

두 가지 쟁점 사항을 발견했다. 첫째, 어떠한 결정이 윤리적이고 책임감 있는 행동인지 그 이슈와 옳고 그름의 판단은 학교에서 배운 이론들을 통해서도 충분히 가능하다. 하지만, 학생들의 주장은 그들의 윤리적 판단이 비즈니스 사회에서 윤리적 결정과 행동으로는 연결시킬 수 없을

것이라는 것이다. 어른들이 만든 사회가 그렇기 때문이다. 어쩔 수 없지만 나의 미래의 꿈과 가족들을 위해 나는 윤리적 결정을 내리지 못하겠다는 이야기다.

"사회는 나를 악마와 손잡게 할 것이라는 것을 잘 예상하고 있습니다."

(출처: 게티이미지뱅크)

　　나는 이와 같은 청년들의 윤리적 결정과 행동의 불일치 현상을 더 파헤치기 위하여, 미국의 도덕심리학자인 제임스 레스트(James Rest)의 윤리적 결정의 4단계 모델을 이용하여 연구를 진행하였다. 레스트가 말하는 첫번째 단계는 도덕적 감수성(recognize moral issue) 단계이다. 도덕적 딜레마의 상황에 봉착하면 사람들은 우선 도덕적 이슈를 파악하려고 노력한다는 것이다. 다음 단계로 도덕적 판단을 내린다(make moral judgement). 그 다음으로 도덕적 동기를 수립하고(establish moral intent), 마지막 단계로 도덕적 행동으로 이어진다(engage in moral behavior). 이와 같이 윤리적 의사결정은 순간적인 판단이 아니라 일련의 단계들을 거치는 하나의 과정이고, 사람들은 대체로 이와 같은 단계를 밟으며 도덕적으로 판단하고 행동할 확률이 높다는 것이다.

레스트의 윤리적 결정의 4단계 모델

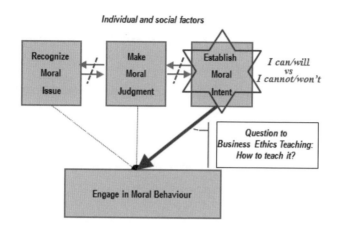

개인의 윤리적 의사결정은 한 명의 독단적인 선택이 아니라 이러한 결정에 영향을 미칠 수 있는 다양한 사항들이 있었고 학생들은 이를 심도있게 고민할 수 있는 능력이 있었다. 다시 말해 개인의 성장배경에 따라 또는 속해 있는 사회의 문화와 제도적인 영향 등에 따라 윤리적 의사결정은 다양하다는 얘기이다. 예를 들면, 비즈니스맨과 사회복지사의 윤리적 의사결정은 다를 것이며, 한국과 미국에서의 기업인들이 생각하는 도덕적인 의사결정은 또한 차이를 보일 것이다.

　　나의 연구 결과 밝혀진 또 하나의 중요한 사실은 도덕적 감수성과 판단이 언제나 도적적 행동으로 이어지지는 않는다는 것이다. 레스트 모델에 대한 "단계적 접근"의 한계를 학생들을 통해서 발견할 수 있었다. 그렇다면 이 한계의 이유는 무엇이고 어떻게 극복할 것인가?

　　우선 위에서 언급했다시피 학생들은 사회로 나가면 나의 도덕적 판단

을 구체적 행동으로 연결할 수 있는 힘이 나에게는 주어지지 않을 것이
라는 도덕적 무기력감(powerlessness)를 가장 크게 고민하고 있었다. 부
패된 사회에서의 개인의 윤리적 결정은 큰 의미가 없다는 이야기다. 내
가 안 한다면 나의 회사는 쉽게 다른 직원을 고용하여 회사의 목적을 달
성할 것이기 때문에.

"윤리적 결정은 우리도 가능합니다. 그 결정의 실행을 못하게 하는
사회가 문제지요."

어른들이여. 젊은이들의 무기력함과 게으름을 탓하기 이전에 어떤 사
회를 어떻게 어른들이 만들어 놓았는지 함께 고민해 보자.

CSR

기업의 사회적 책임(CSR)이 코로나를 만났을 때

PART 12

투자자들이
ESG · 지속가능경영보고서를
안 본다고요?

PART 12

투자자들이 ESG · 지속가능경영보고서를 안 본다고요?

ESG(환경 · 책임 · 투명경영) 보고가 기업들에게 의무화가 되어가
는 이유

물론 많은 기업들에게는 아직까지도 편하지 못한 주제이다. 기업이
이익을 창출하여 주주들의 투자를 환원하기에도 빠듯한데, 비재무적 요
소인 ESG(환경 · 책임 · 가버넌스) 부분을 투자자들과 이해관계자들에게 의
무적으로 보고해야 한다는 것이다.

내가 2000년대 말 영국에서 박사학위를 받고 있을 때 영국기업들과
정부를 비롯한 이해관계자들의 회의에 참석할 기회가 있었다. 스코틀랜
드의 최대 기업 중 하나인 스코티시파우어(Scottish Power)의 대표이사가
연설을 하였는데 그 주된 내용은 다음과 같았다.

"기업은 제대로 된 게임규칙이 없는 곳에서 무조건 뛰기만 하
는 축구선수가 아닙니다. 정부는 기업을 생각없는 축구선수들로

여기지 맙시다. 현재 정부 그리고 다음 정부의 수시로 변화하는 룰에 따라서는 우리가 지속경영한 플레이를 할 수는 없습니다. 물론 정부가 지속가능하고 믿을 수 있는 룰을 우리에게 주면 우리는 멋있게 CSR게임에 임할 준비가 되어 있습니다."

　내가 느낀 것은 영국사회에서 많은 대화의 시작은 늘 '축구'였다. 여러분들도 영국 비즈니스 파트너와 대화를 시작할 때, 한번 '축구'를 주제로 시작해보라. 그들은 웃으며 여러분과 대화를 나눌 준비를 할 것이다. 위의 예에서도 영국의 한 비즈니스맨의 축구를 이용한 우회적인 유머와 그 유머에 담겨있는 실랄한 비판을 목격할 수 있다. 기업의 ESG보고를 의무화하려면 그에 따른 규칙과 무대를 견고하고 지속가능하게 잘 만들라는 정부에 대한 비판이 주 내용이다.

　그로부터 약 20년이 지났다. 물론 지금도 기업의 자발적 vs 의무적 ESG보고의 장단점이 글로벌 시장과 학계에서 끊임없이 논의되고 있지만, 최근에 와서 자발적 보고에서 의무적 보고로 국제 시장에서 트렌드가 넘어서는 것을 발견할 수 있다. **영국정부**는 최근 기업의 기후관련 활동과 지속가능보고 의무화를 2025년까지 추진한다고 발표하였다. **유럽연합**에서는 상장회사, 은행, 보험사 등 직원 500명이 넘는 기업들은 지속가능경영보고서를 의무적으로 만들어 제출해

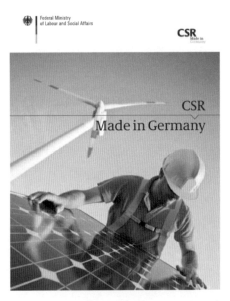

(출처: CSR Made in Germany)

야 함을 명시하고 있다. 이 보고서 안에는 환경보호 · 사회적 책임과 직원들에 대한 정책 · 인권존중 · 부정부패방지와 뇌물수수 · 회사경영진의 다양성 현황(나이, 성별, 교육과 프로페셔널 백그라운드) 등이 포함되어야 하고, 이와 같은 비재무적 상황을 보고하지 않을 경우 유럽연합에서의 기업활동을 허락할 수 없다는 내용이다. 특히 **독일**은 'CSR Made in Germany'를 정부의 주요정책으로 추진하고 있다. 독일제품(Made in Germany)의 가장 큰 특징은 '가격'이 아닌 '품질'로 세계 시장에서 경쟁한다는 것이다. CSR도 이와 마찬가지로 지속가능한 '품질'을 경쟁력으로 독일만의 'CSR Made in Germany'를 만들겠다는 독일정부의 강력한 계획이다.

그렇다면 한국의 'CSR Made in Korea'의 현 주소는?

　　"사실, 많은 투자자들이 투자를 결정할 때 지속가능보고서를 참고하지 않습니다. 우리는 아직 기업을 평가하는 시스템의 진정한 변화를 목격하지 못하고 있습니다. 많은 기업들과 CEO들의 지속가능경영을 위한 헌신과 목표는 칭찬받아 마땅하지만 아직도 기업을 평가하는 자본주의 시장의 시스템은 이를 뒷받침하지 못하고 있습니다."

　　그렇게 열심히 만들라고 해놓고 투자자들이 보고 있지 않는다고? 미국의 두 경영학자의 [비자이 고빈다라잔(Vijay Govindarajan)과 아눕 스리바스타바(Anup Srivastava)] 최근 연구에 의하면13) 아직도 많은 기업의 경영진들은 얼마나 많은 이익을 창출할 수 있느냐에 따라 평가받고 고용 및 해고되고 있다고 하였다. 펀드매니저들도 투자를 결정할 때 재무적 지표를 위주로 평가하는 것이 아직까지는 현실이라는 얘기다. 이와 같은 현상은 기업 또는 어느 누구의 잘못도 아닌 현재 자본시장의 가장 큰 맹점인 것이다.

기업의 사회적 가치창출과 ESG는 단기적인 투자수익자본률(ROI)로 투자자들이 정확히 분석하기 어렵다. 예를 들어, 구글 또는 Facebook의 사회적 가치창출 현황을 사회적·환경적 악영향과 접목시켜 정확히 계산하면서 평가할 수 있는 평가시스템이 현 자본시장에 존재하는가?

ESG보고서는 기업경영진의 철학과 전략을 알아보는 집합체

그렇다면 이 이율배반적인 시장의 흐름을 한국 기업들은 어떻게 현명하게 대처할 수 있을까?

우선 자본시장의 단기적인 평가에 목매지 말아야 한다. 그러기 위해서는 무엇보다도 CEO의 의지와 결단이 필요하다. 이는 CSR과 공유가치창출(CSV)의 무대의 선두에 서 있는 한국의 SK, CJ, 교보생명, 유한킴벌리 등의 예를 보면 잘 알 수 있다. 단기적 평가에 일희일비(一喜一悲)하지 않는 최고경영자의 철학과 헌신이 받쳐줄 때 기업의 지속가능경영은 가능한 것이다.

또한 기업의 ESG보고서는 CEO나 경영진들이 사회와 조직을 어떻게 생각하고 전략을 수립하는지를 파악할 수 있는 유용한 매개체로서 그 가치가 있다. 예를 들면, 지속가능보고서를 보면 기업이 직원들을 어떻게 다루고 어떤 정책을 펼치고 있는지를 파악할 수 있다. 직원들을 단지 기업의 이익창출을 위한 수단으로 생각하는지, 아니면 어려운 시기 현장에서의 미담 제조기로 직원들을 이용하고 있는지 등등. 이는 ESG보고서가 '미담콜렉션'에서 벗어나야 하는 중요한 이유 중의 하나이기도 하다.

CSR

기업의 사회적 책임(CSR)이 코로나를 만났을 때

PART 13

애플: 좋은 기업, 나쁜 기업시민?

PART 13

애플: 좋은 기업, 나쁜 기업시민?

"애플은 좋은 기업이지만 나쁜 기업시민입니까?" 미국의 사회학자이자 조직학의 대가 아미타이 에치오니(Amitai Etzioni)가 2015년 애플(Apple)과 FBI의 갈등을 분석하면서 한 질문이다.14) 윤리와 법 사이의 괴리, 국가의 안보와 개인의 권리 사이에서 어렵지만 현명하고 책임 있는 선택을 해야하는 기업들, 특히 IT회사들에게 많은 질문과 메시지를 주고 있다.

애플은 FBI의 요구를 왜 거부하였을까?

2015년 미국 연방수사국(FBI)은 샌버너디노 총기 테러로 14명의 목숨을 앗아간 총격 테러범의 아이폰 암호를 해독하기 위해 아이폰에 담긴 정보를 분석하기 위한 잠금 해제 소프트웨어를 애플에 요구하였다. 하지만, 애플 최고경영자 팀 쿡(Tim Cook)은 소비자의 정보보호와 프라이버시를 이유로 FBI의 요구를 강하게 거부했고, 애플의 주주들도 이런 팀 쿡을 지원했다. 팀 쿡은 "이와 같은 결정들은 옳은 일이며 정부와 맞서는

게 두렵지 않다(We do these because these are the right things to do. Being hard doesn't scare us)."고 2016년 연례주주총회에서 역설하였다.

하지만, 아이러니하게도 개인정보보호를 이유로 미국 당국의 지시에 끝까지 저항했던 애플이 2017년 중국 시장에게는 고객정보를 무더기로 넘겨 애플의 이중성에 대한 큰 비판을 받기도 하였다.

(출처: 2016년 3월 17일.
타임지)

사회와 국가의 통제 사이에서

전 세계의 많은 언론들은 애플−FBI 케이스를 법적 논쟁에 (법적으로 옳은지 vs 그른지) 포커스를 맞추어 다루는 경향을 보였다. 하지만 이 케이스는 법과 윤리 사이에서 현명한 결정을 해야 하는 기업의 사회적 책임에 관한 케이스이다. 에치오니는 윤리적 가치에 대한 결정은 스스로의 의지에 의한 것이 아니라고(not self−enforcing) 주장했다. 다시 말해, 윤리적 가치를 결정하는 중요한 두 개의 요인이 있는데 하나는 비공식적인 사회의 통제이고 다른 하나는 국가의 강제력에 의한 것이다.

한국을 비롯한 글로벌 사회에서 사회적 윤리와 국가의 법이 충돌하는 현상을 우리는 심심치 않게 목격한다. 국가의 강요에 의해 기업들이 결정을 해야 할 경우 그 결과는 그 시대 정부의 법률적 조치에 의결되는 것이다. 예를 들면, 사회적으로는 비윤리적인 행위이지만, 정부의 요구에 따라 뇌물을 제공해야만 사업을 계속 진행할 수 있고 CEO는 감옥에 안 간다던지…….

IT 시대에 CSR이 더 중요한 이유

첫 장에서 언급한 바와 같이 CSR은 착한 기업에 대한 이야기가 아닌 시대와 사람을 제대로 읽을 수 있는 현명한 기업에 대한 이야기라는 것을 다시 한 번 상기한다. 이익창출과 국가의 안보, 소비자 보호 등의 다양한 이해들 사이에서 힘든 결정을 내려야 하는 것은 기업의 생존 및 역사와 함께 늘 이어지는 기업의 숙명이었다. 기업인들의 현명한 결정이 지속가능한 기업을 위한 제일 중요한 요소 중 하나였음을 우리는 목격한다.

IT와 CSR

그렇다면 IT 시대에 기업의 사회적 책임은 왜 더 중요한 것일까? 우선 IT 시대는 소통의 속도와 방법이 예전과는 다르다. 예를 들어보자. 일본 제일의 기업 도요타가 인도네시아 공장에서 현지 직원들을 비윤리적으로 다루는 사건이 오늘 발생하였다면 내일이 되지 않아 이는 SNS 등 다양한 통신기술을 타고 전 세계에 실시간으로 알려질 것이고, 글로벌 기업으로서의 세계적 비판에 당면할 것이다. IT 시대에 기업의 좋고 나쁜 정보를 숨기는 것은 더이상 불가능하다.

오늘날 기업의 생존은 인터넷, SNS 등 새로운 타입의 커뮤니케이션 기술들을 간파하고 속도감 있게 주주와 이해관계자들, 글로벌 사회와 소통하는 능력과 긴밀한 관계가 있다. 정보통신기술의 발달은 글로벌 디지털 시장의 게임의 룰을 완전히 뒤바꾸어 놓았다. 만약 기업들이 이 새로운 시장의 법칙을 알아채지 못하고, 구시대 기업생존의 논리인 '이익창출'만을 강조하며 사회적 책임을 간과하는 모습을 보인다면 글로벌 사회는 그 기업이 생존하기 위한 기업의 운전면허증을 제공하지 않을 것이다. 우리는 이것을 소셜라이센스(social license)라 말한다. 이와 관련하여 많은 경영학자들이 기업활동의 정당성(legitimacy)과 연계하여 CSR의 중요성을 강조하기도 한다.

결론적으로, IT 시대의 흐름과 스피드를 파악하지 못하고 구시대의 비윤리적인 결정으로 일관하는 기업의 지속가능성은 보장될 수 없다.

CSR

기업의 사회적 책임(CSR)이 코로나를 만났을 때

PART 14

실리콘밸리 사기 여왕의 거짓말을
세상에 알린 용감한 젊은이

PART 14

실리콘밸리 사기 여왕의 거짓말을
세상에 알린 용감한 젊은이

한 젊은이의 용감한 고백을 들으며

"19살에 스텐포드대학교를 자퇴하고 성공적인 기업을 만든 엘리자베스 홈즈(Elizabeth Holms)의 스토리는 저에게 개인의 배경과 상관없이 열심히 일하고 나만 똑똑하면 세상에 영향력을 줄 수 있다는 희망을 심어주기에 충분했습니다. 그래서 저는 테라노스(Theranos)에 부푼 꿈을 안고 지원하게 되었죠. 하지만, 이 곳에서 일을 하면서 환자들의 샘플을 이용한 데이터분석 기술에 문제가 있음을 발견하였고 이를 회사의 운영책임자에게 알리고 문제점을 제기하였죠. 연구자인 내가 이해하지 못하고 신뢰하지 못하는 기술을 어떻게 외부에 팔 수 있겠습니까? 운영책임자에게서 돌아온 대답은 '네가 할 일은 우리가 너에게 돈을 준 만큼이다(What you need to do is what I'm paying you to do)'였습니다. 저는 많은 고뇌 끝에 이 회사를 그만두게 되었습니다. 반면 테라노스의 CEO 엘리지베스는 미국 전역의 메가진들에서 계속 실리콘 밸리의 여왕으로 도배가 되었지요. 나만 미친 사람이었을까요?"

에리카 정의 TED 강의

테라노스의 전직원이었던 에리카 정(Erica Cheung)의 말이다. 내가 UC Berkeley에서 연구를 진행하고 있을 때 TEDxBerkeley 행사에 참석할 기회가 있었다. 이때, 실리콘밸리 테라노스의 부정 스캔들을 제일 먼저 세상에 폭로한 에리카의 발표를 들을 수 있었다. 무소불위 힘에 도전했던 20대 소녀 내부고발자(whistle-blower) 에리카가 손을 떨면서

(출처: FORTUNE MAGAZINE)

고백하는 모습을 지켜보면서 얼마나 무서웠고 힘들었을까 같이 공감할 수 있었고, 그 어려움을 견디고 세상을 위해 자기가 몸담았던 회사의 거짓된 진실을 밝힌 젊은 청년의 용기에 나는 다른 관객들과 함께 큰 웃음으로 찬사의 박수를 힘껏 보내주었다.

미디어의 사회적 책임

테라노스의 CEO 엘리자베스 홈즈는 '환자들의 피 한 방울 샘플을 이용하여 240여개의 질병을 진단한다는 기술을 발견했다'라는 거짓된 진실로 일약 세계적인 바이오벤처의 스타가 되었다. 그녀가 더 음흉한 것은 전 세계의 고통받는 아이들을 돕기 위해 이 기업을 만들었으며, 이는 사회에 크게 기여할 것이라고 홍보한 파렴치한 CSR전략이었다. CSR을 PR에 교묘히 이용할 줄 알았다. 또한 그녀는 여성스러움 또한 PR에 철저히 이용했는데, 예를 들면 갈색이었던 머리카락도 언제나 금색으로 염색하고 다녔다고 한다.

미국의 미디어들도 이 아름답고 똑똑한 그녀의 홍보를 적극적으로 도와주었다. 특히 미국의 대표 경제지 포춘지(Fortune)는 홈즈와의 인터뷰를 자세히 소개하며 그녀의 사기극 홍보를 적극적으로 지지해 주었다.

…엘리자베스 홈즈는 기업의 미션을 다음과 같이 설명하였다. "우리의 기술은 헬스케어시스템의 혁명입니다. 이런 신기술은 우리 사회의 고질적인 문제를 해결할 수 있을 것입니다. 저는 이 신기술로 지역, 나이, 성별에 관계없이 전 인류의 삶에 차별 없이 기여하고 싶습니다."
기자는 그녀에게서 "스티븐 잡스와 빌게이츠의 눈을 발견할 수 있었다."

[2014년 6월 12일자 포춘지(Fortune)
https://fortune.com/2014/06/12/theranos-blood-holmes 참조]

언론이 기업을 비판하기가 쉬운 일이 아니라는 것을 잘 안다. 언론의 주요 수익원 중 하나인 기업의 광고와도 직접적으로 연결될 수 밖에 없으며, 많은 언론들이 연루된 기업들과 공생관계에 있는 것도 우리는 목격한다.

하지만, 글로벌 사회의 많은 사람들은 책임 있고 용기 있는 언론들을 신뢰하고 또한 끝까지 믿고 싶어할 것이다. 테라노스 스캔들의 경우 언론이 거짓된 진실을 알고도 눈감아 주었다기보다는 언론이 무지(無知)했으며, 진실을 파헤치기 위한 노력을 게을리했다는 것이 가장 큰 실수일 것이다. 미국의 언론들이 진실을 파헤쳐 사람들에게 알리지 못하고 유행과 다수의 관심끌기에만 급급했기에 테라노스의 사기극은 성공적으로 진행될 수 있었다. 미국 전역의 사람들은 어처구니 없이 그녀에게 속을 수 밖에 없었던 것이다.

언론의 지혜와 사회적 책임이 무엇보다도 중요하다. 테라노스의 경우처럼 CSR for PR의 전략 하에 사회공헌을 행사하는 일부 기업들의 교묘한 거짓말을 언론들은 현명하게 감지해야 할 것이다. CEO들의 도덕성이 진정한 CSR을 지속가능하게 하는데 얼마나 중요한지 언론들은 감시하고 또한 격려해야 할 책임이 있다. 다시 말해, CEO의 철학과 인성, 도덕성이 상품이 되고 있는 글로벌 시장의 게임의 룰을 사회에 알려야 할 막중한 책임이 언론에게 있다는 것이다.

예를 들면, 정치적 기부활동을 순수한 사회공헌이라 주장하는 오류를 범하는 기업(인)들을 언론은 현명하게 알아채고 경고를 해야 할 것이다. 또한 추석과 크리스마스 때 고아원이나 양로원에서 이루어지는 CEO들의 김치만들기 연례행사가 착한 사회공헌활동이라는 '미명' 하에 신문에 대문짝 만하게 장식되는 기이한 기사들을 지양해야 할 것이다. CSR은 기업의 감성팔이가 아니기 때문이다. CSR활동들이 기업의 단기적 PR의 수단과 도덕적 타락에 대한 방패막이로 전락하는 것을 감지하고 경고할 숭

고한 책임이 바로 언론에게 있는 것이다.

진실을 파헤치고 전달하기 위한 노력은 미디어의 중요한 사회적 책임이다. 이를 게을리하는 한 '미디어의 참을 수 없는 가벼움'에 대한 사회적 비판은 계속될 것이다.

테라노스의 내부고발자 에리카의 TED talk에서의 마지막 말이 생각난다.

> "'당신은 미친 사람이 절대 아닙니다.'라고 나에게 처음으로 연락을 주고 테라노스의 비리를 같이 파헤치기 시작한 사람은 월스트리트저널(Wall Street Journal)의 유능한 기자였던 존 케리루(John Carreyrou)였습니다. 저는 그를 통해 희망을 보았고 내가 옳았다는 것을 마침내 깨달을 수 있었습니다."

책임 있는 기자들을 우리는 더욱더 많이 목격할 것이며, 그들과 같이 계속 공부하고 공분하며 기뻐할 것이다. 나와 이 사회, 그리고 우리들의 청춘들을 위해서.

CSR

기업의 사회적 책임(CSR)이 코로나를 만났을 때

PART 15

BTS: 글로벌 인플루언서의
사회적 책임

PART 15

BTS: 글로벌 인플루언서의 사회적 책임

세계의 부모들이 한국 드라마를 불편해 하는 이유

전에 근무했던 노팅엄대학의 한 행사에서 학부모들과 만나 얘기할 기회가 있었다. 내가 한국인인 줄 아시고 한 말레이시아 아버님이 나에게 다가와 말을 걸었다.

"제 딸이 한국드라마를 너무 좋아해요. 그런데 부모로써 걱정인 것은 한국 드라마들이 우리나라 청소년들을 망쳐놓고(spoil) 있다는 사실이에요. 드라마 속에는 늘 예쁜 여자들만 등장하고 그녀들은 부자들과 결혼을 하고, 남녀는 만나는 즉시 손잡고 키스하고..., 우리 아이들이 그런 행위들을 옳은 것이라 생각하고 따라할까봐 진심 걱정됩니다…"

충격이었다.

한류(韓流) 현상의 경제적 효과와 K-pop, 한국드라마 등 한국 문화의 세계적 전파를 자찬하는 보도와 연구가 일색인 현 상황에서 한 이슬람 부모님의 진심 어린 나눔은 나에게 많은 생각을 하게 하였다. 지금이 바로 한류의 사회적 책임을 고민하여야 할 때가 아닌가?

한류의 사회적 책임

(출처: 게티이미지뱅크)

한류는 한류일 뿐 착각하지 말자

내가 살고 있는 일본에도 BTS팬들이 참 많다. 내 친구 아야쿄상도 BTS 슈가의 열렬한 팬이다. 정국도 많이 좋아한다고 열변을 토한다. 그녀를 만나면 BTS 멤버들의 최근 공연 소식과 근황을 실시간으로 재미있게 배울 수 있다. 참 사랑스러운 친구이다.

하지만 나는 오해하지 않는다. 한류가 한국의 위상을 높여 놓았다고? 일본의 많은 젊은이들은 사실 정치에 관심이 없고 단지 한국 문화 그 자체를 좋아하는 것이다. 일본의 아저씨들도 '사랑의 불시착' 드라마를 무척 좋아한다. 하지만, 그들은 한류를 한국의 위상 또는 한국의 정치와 전혀 연결시키지 않는다. 다시 말해, 일본의 많은 사람들이 한류를 좋아한다고 하여 이와 연계해 한국과 일본간의 정치적·역사적 갈등에서 한국의 위상이 높아져 우리의 상황을 더 많이 이해하려고 노력할 것이라는 착각은 하지 말자는 것이다. 그렇게 연결하는 것 자체가 일본의 문화적·사회적 배경에서는 가능하지 않다는 것이다.

이제 막 시작이다. 글로벌 사회에 한국 문화 전파와 그 역사는 그리 오래되지 않았다. 얼마 전까지만 해도 우리나라의 모든 정책과 사회의 흐름은 경제부흥과 먹고사는 것에 포커스를 맞추고 있었고, 대한민국과 우리의 것을 외국에 알리고 '아마도 한국이 세계를 리드할 수도 있겠다는 희망'을 갖기 시작한 것은 아주 최근의 일이다. 내가 영국에서 유학할 2000년대 초까지만 해도 삼성을 일본 기업으로 아는 사람들이 너무 많아서 매우 놀랐었고 안타까워 했던 기억이 있다.

BTS가 글로벌 사회에서 사랑을 받는 이유

BTS는 글로벌 인플루언서(global influencer)로서의 사회적 책임을 잘 보여주고 있다고 생각한다. BTS노래의 가사와 그들의 활동들, 아미(Army)와의 커뮤니케이션에는 사회적 메시지가 있다. 인플루언서로서 사회의 어리석음을 지적할 용기가 BTS에게는 있으며, 세계의 청년들과 같이 고민하고 소통한다. 글로벌 기업시민의 좋은 예이다. 기업이 이익추구 이상의 선한 영향력을 사회에 행사해야 하는 것처럼(*우리는 앞장에서 이러한 현상을 '공유가치창출'이라는 이론과 함께 나누었다) BTS는 노래 잘하는 아이돌그룹 이상의 선한 영향력을 세계의 젊은이에게 행사하고 있다. 이는 지속가능한 BTS의 디딤돌이 될 것이다. 오늘 공연하고 내일 사라지는 음악그룹이 수두룩한 작금의 시대에 BTS는 기업들이 '지속가능전략'을 어떻게 세워야 하는지를 잘 보여주고 있다.

하나의 예로, 'Love Myself'라는 비폭력 캠페인이 있다. BTS가 유니세프(UNICEF)와 함께 진행하였으며 고통받은 세계의 젊은이들에게 희망을 주기 위해 노력하는 모습을 다양한 루트로 보여 주었다. 물론 BTS가 이 운동을 위해 많은 금액을 기부하기도 하였지만, 이것은 일시적 기부 이상의 글로벌 인플루언서로의 사회적 책임으로 해석되어야 할 것이다.

최근 글로벌 사회에서는 기업들에게 '목적의식으로 비즈니스를 진행하라(business for purpose)'라는 주문을 강하게 넣고 있다. BTS는 노래만을 위한 노래가 아닌 '**목적이 있는 노래**(sing for purpose)'라는 전략을 추구하며 코로나 시대에도 멈추지 않는 활동을 활발히 진행하고 있다. 이는 사회적 책임에 대한 글로벌 사회의 압력에 맞서 새로운 전략 마련에 부심하고 있는 기업의 리더들에게 많은 시사점을 준다 하겠다.

세월이 흘러도 노래와 메시지가 끝까지 기억되는 지속가능한 비틀즈와 마이클잭슨처럼, BTS도 세계 음악사에 길이 남을 존경받는 뮤지션이 되기를 일본의 아야코상을 비롯한 전세계 BTS팬들과 함께 기원한다. Life Goes On!

BTS 'Love Myself'

No matter
who you are,
where you're from,
your skin colour,
gender identity:
speak yourself.

(출처: 셔터스톡)

 또한 내가 좋아하는 비틀즈의 메세지를 다시금 기억하게 해준 BTS에
게 감사한다.

비틀즈 'Imagine'의 한 구절

"You may say I'm a dreamer
But I'm not the only one
I hope someday you'll join us
And the world will be as one"

(출처: 게티이미지뱅크)

CSR

기업의 사회적 책임(CSR)이 코로나를 만났을 때

PART 16

그린워싱(greenwashing),
핑크워싱(pinkwashing)이 무엇인가요?

PART 16

그린워싱(greenwashing),
핑크워싱(pinkwashing)이 무엇인가요?

캠브리지 사전에 의하면 화이트워싱(whitewahsing)이란 사람들의 어떤 상황에 대한 진실된 사실을 알려고 하는 것을 막는 시도이다(an attempt to stop people finding out the true facts about a situation). 다시 말해, 지저분한 것을 숨기기 위해 하얀색으로 커버한다는 말이다. 최근

Greenwashing

여러분들은 아마도 그린워싱(greenwashing)이란 말을 많이 들어 보았을 것이다. 한마디로 회사가 돈을 벌 목적으로 환경에 부정적인 영향을 주는 것을 숨기기 위해 제품들을 친환경(green)으로 위장하는 것이다. 이는 소비자들에게 환경친화적이다는 착각을 불러일으키도록 세탁하는 비윤리적 마케팅전략이다.

아이들을 이용하여 천연가스를 '그린워싱'한다고?

싱가폴의 에너지시장관리국(Energy Market Authority)의 비디오캠페인이다. 어린이들이 출연하여 천연가스(natural gas)는 화석연료 중 가장 깨끗하며 친환경적 전력공급을 위해 싱가폴은 천연가스를 전국적으로 사용할 것이라 홍보한다.

싱가폴의 에너지시장관리국 비디오캠페인의 한 장면

(출처: The Future of Energy by the Future of SG: Natural Gas - YouTube)

천연가스를 친환경으로 둔갑시키기 위한 아이들을 이용한 그린워싱의 예이다. 물론 천연가스가 석탄이나 원유에 비해서는 환경에 미치는 악영향은 작지만, 이 또한 생산 시 발생하는 메탄 문제뿐만 아니라 물 오염 측면에서도 심각한 환경문제, 지역 사회 주민들의 건강 문제를 일으키고 있다. 2020년 7월 20일자 뉴욕타임즈[15] 기사에 의하면 현재 미국에서 전력제조를 위해 가장 많이 사용되는 것이 천연가스이지만 온실효과에 대한 우려로 인하여 시민단체와 미국 민주당 등에서 천연가스 사용폐지를 추진하고 있다고 한다. 한국에서도 LNG(액화천연가스) 발전소가 지역 주민과 환경단체로부터 '환경오염의 주범'으로 공격받고 있다.

여성과 성적소수자(LGBT)를 이용하는 '핑크워싱'

그린워싱과 비슷한 기업들의 비윤리적 마케팅 중의 하나이다. Pink와 white washing의 합성어로 여성과 성적소수자(LGBT)를 지원한다며 제품들을 홍보하지만 실제로 이는 기업의 돈을 벌기위한 '세탁'(washing)과정에 불과한 경우가 많다는 것이다.

깨끗하고 순수함의 상장이 되는 핑크색과 핑크리본의 숭고한 의미를 이용하여 기업들이 여성의 건강을 생각하여 제품들을 만들며, 유방암 관련 단체를 지원한다고 홍보하지만, 많은 기업들은 거짓으로 물건을 더 많이 팔기 위한 마케팅수단으로 이용하고 있는 것이 밝혀졌다. 핑크워싱

다큐멘터리 핑크리본주식회사

(출처: Pink Ribbons, Inc. 다큐멘터리의 한 장면)

과 관련된 기업들은 여전히 암을 일으킬 수 있는 화학물질을 이용하여 제품을 생산하고 있었으며, 소비자들의 건강은 기업의 이익추구를 위한 수단이었다.

캐나다 레아풀(Léa Pool)감독의 핑크리본주식회사(Pink Ribbons, Inc.) 라는 다큐멘터리를 관람하였다. 유방암으로 고통을 받고 있는 여성들을 지원하고 희망을 심어주어야 한다는 사실에는 물론 100% 동의한다. 하지만 암의 고통으로 힘들어 하는 많은 환자들에게 맹목적인 기쁨과 희망을 강요해서는(tyranny of cheerfulness) 안 된다는 연구원의 말이 나에게 많은 것을 생각하게 했다. 누구를 위한 캠페인인가? 영화에서 한 유방암환자가 나와 성토한다. "기업들은 그들의 이익을 위하여 우리의 병을 이용하고 있습니다. 우리는 핑크리본이 아닙니다. 인간입니다." 순수한 핑크색과 핑크리본을 이용한 기업의 위선(hypocrisy)이 아닌가? "Think Before You Pink".

일부 나라들도 핑크워싱으로 비판을 받은 예가 있다. 딘 스페이드 (Dean Spade) 감독의 다큐멘터리 영화 '핑크워싱'을 보면 이스라엘이 성소수자들의 천국이라는 '브랜드 이스라엘'의 홍보이미지로 사용하며, 이스라엘과 팔레스타인의 분쟁 사실을 감추기 위한 '핑크워싱'전략을 사용하고 있다. 자국의 갈등을 감추고 이스라엘을 인권에 선진적인, 성소수자 친화적인 핑크빛으로 '세탁'하는 한 국가의 전략인 것이 감지된다.

현명한 소비가가 되어야

그린워싱이나 핑크워싱의 가장 큰 우려점은 소비자들의 잘못된 인식을 부추겨 기업을 믿게 하고 물건을 구입하게 한다는 것이다. 만약 어떤 회사가 우리제품은 '친환경(eco-friendly)' 제품이라고 또는 유방암을 지원한다고 홍보하면 아마도 많은 사람들은 그 제품들을 구입하는 것을 긍정적으로 검토할 것이다. 하지만 위의 예들에서 알 수 있듯이 기업의 홍보가 거짓말이었다는 것이 밝혀지면, 이는 소비자들이 제품을 구입함으로써 환경을 파괴하는 데 동참하고 고통받고 있는 여성들을 더욱 힘들게 하는 의도치 않은 결과를 가져오는 것이다. 이에 우리는 더욱더 현명한 소비자가 되어야 한다고 생각한다.

마케팅의 도덕적 딜레마

어떤 마케팅전략이 도덕적으로 옳고 그르다고 한마디로 판단하기는 참 어렵다. 물론 마케팅전략은 소비자들의 욕망과 필요를 끊임없이 만들어 내고 자극시켜 물건을 파는데 일조해야 하는 것 또한 사실이다. 다양한 제품을 팔아 이익을 내야하기 때문에 마케팅전략은 늘 도덕적 딜레마와 함께 한다고 해도 과언은

(출처: 게티이미지뱅크)

아니다. 사실, 이러한 딜레마를 잘 극복하고 사회로부터 칭찬받고 신의를 얻는 지속가능한 기업들도 많이 있다. 하지만 환경과 인권, 지속가능을 고민하는 소비자들의 욕구를 교묘하게 마케팅 수단으로 이용하는 근시안을 가진 기업들도 있어 글로벌 사회로부터 많은 비판을 받고 있는 것 또한 부정할 수 없는 사실이다. **기업들이여, 그린과 핑크색을 악용하지 말지어다!**

아름다운 핑크리본의 진정한 의미를 되새겨 본다.

CSR

기업의 사회적 책임(CSR)이 코로나를 만났을 때

PART 17

인재경영과 CSR

PART 17

인재경영과 CSR

왜 직원들이 중요한가?

(출처: 게티이미지뱅크)

아무리 기업의 본질이 이익장사라고 하지만 직원들이 기업의 돈을 벌기 위한 수단이나 생존방식으로 취급된다면 이는 현 글로벌 사회에서 큰 지탄을 받기에 충분하다. 직원들은 가장 큰 내부고객인 동시에 가장 중요한 이해관계자들 중 하나이다. 또한 직원들은 기업의 생존과 번영을 좌지우지할 힘을 행사할 수 있다. 직원들의 지지와 협력을 얻지 못하는 기업의 전략과 플랜은 성공하기 힘들다.

인재전쟁(The War for Talent)

한국에서 말하는 인재(talent)와 서양의 인재경영 이론은 약간의 차이를 보인다. 기업 리더들의 중요성과 역할에 초점을 둔 '인재전쟁'(the war for talent)에 대한 논의는 1990년대 멕킨지의 컨설턴트들로부터 시작되었다. 나의 박사논문 지도교수였던 국제인재경영 분야 세계적 학자인 휴 스칼린(Hugh Scullion)교수는 많은 다국적 기업들의 가장 심각한 문제점 중 하나는 프로페셔널한 인재의 부재라고 지적하였다.16) 이는 기업을 지속가능하지 못하게 하는 가장 큰 위험요소라는 주장이다. 기업의 전략에 맞게 적재적소에 베스트 인재를 뽑고 배치하며 얼마나 오래 머물게 하느냐가 글로벌 시장에서의 기업의 성공을 결정하는 가장 큰 열쇠라고 스칼린 교수는 주장한다.

'CSR프로세스'에서 가장 중요하게 대두된 인재경영

CSR과 인재경영. 언뜻 보기에는 전혀 무관한 경영의 두 분야인 듯 하다. 하지만 본인의 4년 동안의 'CSR과 HRM의 연계'에 대한 연구결과에 의하면 둘은 매우 긴밀한 역학관계를 가지고 있음이 밝혀졌다. 이 연구를 위해 한국과 영국에서 총 53건의 인터뷰를 진행하였으며 케이스스터디 등 다양한 방법으로 연구데이터를 수집하여 분석하였다. SSCI, Scopus 저널들에 소개된 본인의 관련 논문들을 바탕으로 그 연관성을 파헤쳐 보겠다.

첫째, CSR을 하나의 PR이나 사회공헌 프로그램이 아닌 조직의 프로세스(organizational process)관점으로 보자는 것이다.17) 그러면, CSR의 프로세스 상에서 직원들과 인재경영의 중요성이 어떻게 대두되는지 놀랍게도 발견할 수 있다. 다시 말해, 기업들이 CSR을 처음으로 고려하고 계획할 때에 직원을 염두해 두거나 또는 직원들을 위해서 CSR을 추진하는 경

우는 매우 드물다. 초기 CSR전략의 수립과정에서의 주요 이슈는 CSR이
도대체 무엇이며, 회사에 어떠한 이득을 주고 어떻게 진행해야 하는지에
대한 정당성(legitimacy)을 찾는데 기업들은 주력하는데, 그 예로 정부나
NGO들의 압력 때문에 어쩔 수 없이 또는 CEO의 개인적 철학과 의지 때
문 등을 들 수 있다. 다양한 이해관계자의 압력과 문화적·제도적 특수성
이 CSR정책을 수립하는 초기에서 논의가 되고 있었지만, 그 논의에 '직
원'은 없었다.

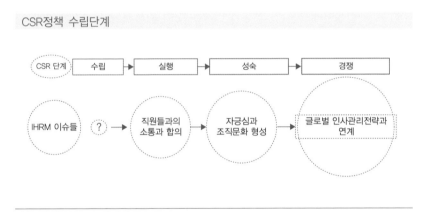

CSR정책 수립단계

직원들의 이해와 협조 없는 CSR의 성공은 불가능

하지만, CSR이 본격적인 실행단계에 들어갔을 때, 회사의 CSR의 추
진에 대한 직원들과의 소통과 합의가 이루어져야 한다는 이슈가 중요하
게 대두되었다. 현장의 맨 앞에서 소비자들과 다양한 이해관계자들을 만
나고 기업을 대표하는 직원들의 이해 없이 CSR의 성공적인 추진은 불가
능하다는 것이다. CSR에 관한 직원들의 보이스가 들려오기 시작했고 직
원들의 중요성이 슬슬 대두되기 시작하였다.

CSR이 직원들의 자긍심을 높이는 중요한 수단

CSR이 성숙단계에 들어서면, 기업들은 CSR을 평가하기 시작하였으며 놀랍게 발견된 것은 CSR의 가장 큰 성과 중 하나는 직원들의 자긍심 고취와 긍정적 조직문화 형성이었다. 영국 제일의 통신기업인 브리티시 텔레콤(British Telecom)이사가 나와의 인터뷰 중 한 말이다.

"CSR은 우리 회사의 중요한 '비즈니스전략'이고 우리의 DNA로 기업문화에 녹아있습니다. CSR은 우리 회사의 존재가치이기에 직원들의 자긍심의 근본이 됩니다. 그러므로 직원들을 다루는 인재경영의 가장 중요한 툴이 CSR인 것입니다."

한국의 많은 기업들도 인터뷰 중 CSR이 직원들의 자긍심 고취에 큰 도움이 된다고 밝혔다. 특히 자원봉사와 직원들의 동기부여에 관해 많은 의견들을 나누었다. 한국의 에너지 중견기업 CSR매니저의 말이다.

"사람들의 감정과 눈물은 매우 빨리 그리고 넓게 전파됩니다. 직원들은 자원봉사활동을 통해 서로의 감정과 희노애락, 그리고 기업의 진실성을 발견하고 나눕니다. 또한 자원봉사가 애사심과 자연스럽게 연결이 되는 것을 목격했습니다. 인사부서에서 아무리 많은 예산을 들여서 직원들의 애사심 고취를 위한 교육들을 진행해도 이러한 결과를 얻기 힘들지 않나요?"

인간(인재) 중심 경영은 아시아 기업들의 주요 차별화 전략

서양에 비해 아시아에서는 아직까지 CSR과 인재경영에 대한 논의가 활발하게 이루어지지 않고 있다. 이 둘을 연결하는 기업들의 전략에 대한 고민도 미흡하다.[18] 그 주요 이유는 아시아 기업들의 경쟁력이 낮음에서 왔다기 보다는, CSR이 어떻게 진행되고 평가되는 지에 대한 현저한 제도적, 문화적 차이의 맥락에서 해석되어야 한다고 생각한다.

사실, 인간중심의 CSR 문화는 전통적으로 아시아 기업들에게 이미 존재하고 있었다. 단지 CSR이란 서양의 개념으로 표현되지 않았을 뿐이다. 아시아 사회에 뿌리내려 있는 인간존중 이념은 직원중심 CSR의 모태가 될 수 있으며, 이는 현재 아시아 기업들의 중요한 인사조직전략과도 깊게 연계되어 발전할 수 있다. CSR for 인재경영 - 곧 아시아 기업의 주요 경쟁전략이 될 것으로 확신하며, 그 선두에 많은 한국의 기업들이 있기를 기대한다.

CSR

기업의 사회적 책임(CSR)이 코로나를 만났을 때

PART 18

코비드 시대에 요구되는 리더십

PART 18

코비드 시대에 요구되는 리더십

위기상황, 리더들은 달라야 한다.

위기 상황 시 불안한 구성원들은 더이상 카리스마리더십, 엘리트리더십을 요구하지 않는다. 코비드 이전의 리더십에 대한 담론들이 주로 리더를 중심으로 어떻게 권력을 행사하고 구성원을 잘 다스려 최소의 자원으로 최대의 결과를 낳을 수 있느냐 였다면, 코비드 시대의 리더십은 다양한 구성원들을 포용하고 지원하는 사람 중심의 인클루시브리더십(inclusive leadership)이 요구되고 있다. 그렇다면 노멀시대와 다른 위기의 시대에 요구되는 인클루시브리더십의 특성은 무엇인지 세 가지로 간추려보자.

첫째, 귀를 기울일 줄 아는 리더십 Listening

코비드 시대, 잘 듣지않고 개인의 고집과 이익만을 위해 결정하고 행동하는 리더들을 우리는 어렵지 않게 목격한다. 이는 위기상황 탈출에는 전혀 도움이 안되고 구성원의 노여움을 사기에 충분하다. 전문가의 의견

을 듣지 않고, 데이터를 무시하거나 본인의 이해에 따라 조정하여 의사
결정에 반영하고, 구성원들의 어려움 호소를 흘려듣고….

POLITICO.COM
Fauci gets security detail after receiving threats
HHS Secretary Alex Azar had grown concerned about the growing online attac…

아담 브라이언트(Adam Bryant)와 케빈 샤럴(Kevin Sharer)은 최근 하
버드비즈니스리뷰의 논문19) 을 통해 기업의 CEO 및 리더들이 정말로 듣
고 있냐는 "Are You Really Listening?"에 대한 회두를 던졌고, 제대로
듣지 못하는 리더들을 돕기 위한 리스닝에코시스템(listening ecosystem)을
제안하였다.

기업의 CEO들은 다른 구성원들에 비해 수많은 정보를 듣고 커뮤니케
이션도 가능하지만, 문제는 이러한 정보들이 CEO에게 전달되는 도중에
워닝시그널이 희석되거나 다양한 정보들이 절충을 거쳐 CEO에게 잘못된
내용으로 전달되는 경우가 많다는 것이다. 그렇다면 리더들은 이러한 문
제들을 어떻게 현명하게 다룰 수 있을까? 논문은 일곱 가지 효율적인 스
텝을 제시하였다. 1) 구성원들에게 진실을 말할 수 있고 리더에게 자유롭
게 도전할 수 있는 환경을 만들어 주어여 하며(Protect against blind spots),

2) 계급과 직위로 구성원을 너무 억누르지 말고(De–emphasize hierarchy), 3) 구성원들에게 나쁜 소식을 말할 수 있는 자유를 허락하여야 하며(Give permission to share bad news), 4) 당신이 나쁜 뉴스를 빨리 알 수 있도록 신속한 워닝시스템을 작동해야 하며(Create an early–warning system), 5) 문제해결의 촉진과 진행사항을 점검해야 하며(To encourage problem–solving, acknowledge progress), 6) 특별한 평가나 아젠다가 없이 구성원의 얘기를 허심탄회하게 들을 준비가 되어있어야 하며(Listen without judgment or an agenda), 7) 문제해결을 위한 구성원의 지혜와 조언을 적극적으로 구해야 한다(Actively seek input). 위기의 시대, 구성원들의 실랄한 비판과 의견을 듣고 올바른 정보를 파악하여 책임 있는 결정을 내리는 리더들의 '리스닝 스킬'이 무엇보다도 중요하다고 하겠다.

둘째, 침착한 리더십 calmness

우리는 위기 때 구성원들보다 더 불안해하는 리더들을 어렵지 않게 목격한다. 코비드 시대 글로벌 사회의 적지않은 리더들은 더 불안정해 보이고 이해되지 않은 행동을 하는 모습을 보여주었다. 위기 때 사람들은 리더들의 침착함을 더욱더 바라며, 어떤 상황이 어떻게 진행되고 있는지에 대한 리더들의 솔직하고 냉철한 나눔을 원한다. 리더들은 무엇보다도 구성원들에게 심리적 안정감에 신경써야 한다는 것이다.

미국 소프트웨어기업 Qualtrics의 CEO인 리안 스미스(Ryan Smith)는 그의 연구20)에서 CEO들이 직원들의 정신적 건강(mental health)을 돌보는 것이 위기 상황 시기에 제일 중요하다고 피력하였다. 이를 위한 방법으로는 1) 제일 먼저 직원들에게 문을 열고(Open the door), 2) 지원하는 리스닝을 실천하여야 하며(Demonstrate supportive listening), 3) 늘 한결같으며(Be consistent), 4) 일정한 흐름과 맥박을 유지하면서(Keep a constant pulse), 5) 위기를 극복하는 가능한 방법과 자원을 직원들과 나누라는 것이다(communicate available resources). 이 같은 리더들의 냉정함과 침착함은 어려움 속에서도 구성원들을 안심하게 할 것이다. 특히 코비드 위기상황으로 촉발된 재택근무 상황에서 직원들은 리더들의 침착하고 투명한 소통과 나눔을 요구하고 있으며, 이것은 직원들이 흔들림 없이 업무를 지속하는데 큰 동기부여가 되는 것이다.

셋째, 신뢰받는 리더십 fidelity

위기 상황, 사람들은 리더들을 더 믿지 못한다. 리더들이 어려울 때 구성원들을 완벽하게 지켜 줄 것이라고 믿지 못한다는 말이다. 이 같은 리더들에 대한 불신이 위기상황을 극복하는 데 큰 장애물로 작용하고 있다. 예를 들어, 코비드를 극복하기 위해 미국과 유럽의 많은 나라의 리더들이 강한 어조로 코비드 예방과 방역수칙을 국민들에게 설득하고 회유하고 강요했지만, 많은 사람들은 마스크를 쓰지 않았으며 축제와 파티를 즐겼고 정부의 지침에도 따르지 않았다. 왜냐면 리더의 말을 신뢰하지 않았기 때문이다.

이 같은 리더십에 대한 비신뢰사회의 가장 큰 원인은 무엇일까?

위기 시대의 스토리라인의 중심은 '사람'이 되어야 한다. 리더들은 사람에 집중하지 않았다. 코비드 시대 무엇보다도 가장 큰 희생양은 사람들이다. 안타깝게 목숨을 잃은 이들과 그의 가족들, 하루아침에 직장을 잃은 사람들, 코비드 락다운으로 문을 닫아야만 하는 많은 소상공인들, 블루코비드 우울증으로 고생하는 사람들, 글로벌 사회에서 일어나는 각종 혐오와 범죄들[예 아시안-포비아(Asian-phobia), 외국인혐오(xenophobia), 아프리칸혐오(Afrophobia) 등등]. 하지만 세계의 많은 리더들은 이를 간과하고 개인이나 소속 집단의 이익을 위한 결정과 정책으로 일관하였으며, 이에 희생자들은 더욱더 늘어만 갔다.

세계의 얼마나 많은 리더들이 위기 시대에 요구되는 위의 세 가지 특

(출처: Steven Senne/AP, The Gurdians, 2020년 3월 24일자)

징의 리더십을 가지고 있을까?

　　최근 많은 학자들은 코비드 이전의 비인도적인 리더십은 종말을 볼
것이라고 경고하고 있다. 뉴노멀시대에 요구되는 리더십은 인류애와 구
성원들의 이야기를 듣고 다양함을 아우를 수 있는 '인클루스브리더십'이
라는 말이다. 이는 구성원들이 협력하여 위기를 더 빠르게 극복하고 지
속가능한 미래를 추구하는 데 필수 불가결하다고 하겠다.

(출처: 게티이미지뱅크)

CSR

기업의 사회적 책임(CSR)이 코로나를 만났을 때

PART 19

삼성이 Good-to-Great가 되려면?

PART 19

삼성이 Good-to-Great가 되려면?

　이익을 최고로 내며 세계 시장의 다양한 산업분야에서 1, 2위를 다투는 좋은(good) 한국의 기업들이 많이 있음은 진심으로 감사한 일이다. 하지만, 이렇게 많은 한국의 좋은 기업들이 왜 글로벌 사회에서는 존경받고 신뢰받는 위대한(great) 기업으로는 평가받지 못하고 있는 것일까? 이번 장에서는 한국의 선두기업들이 위대한 기업으로 발돋움하기 위한 세 가지 방법을 제안코자 한다.

　첫째, 글로벌CSR 브랜딩에 주력해야 한다.

　여러분, 콜라 좋아하세요?

　2013년 어느 맑은 가을날, 내가 재직하고 있는 일본의 대학교에 코카콜라 인터네셔널(Coca－Cola International)의 사장인 아흐멧 보제르(Ahmet C. Bozer)가 방문하였다. 세계 최고기업의 리더가 청소년들과 얘기하기 위하여 private jet로 이 먼 곳을 날아오는 노력에 나는 개인적으로 제일 먼저 감탄했다. 그는 대강당에서 수백명의 학생들과 허심탄회하

게 대담하였고 나는 그 행사의 MC로서 그의 청소년과의 대화를 도와주
었다. 코카콜라 사장 강의의 대부분 내용은 글로벌 사회에 코카콜라의
CSR활동을 소개하는 것이었다.

코카콜라부사장 리츠메이칸아시아태평양대학교 강연 사진, 2013년 11월 13일

   강의가 끝난 후 나는 청중들에게 질문할 기회를 주었다. 인도네시아
학생의 질문은 이러했다.

   "사실 저는 콜라보다 물을 마시기 좋아합니다. (청중들, 크게
   웃음). 코카콜라의 글로벌 사회에 대한 다양한 사회공헌활동 잘
   들었습니다. 그런데 제가 생각하기에 코카콜라는 전세계 청소년의
   비만화에 크게 기여하고 있다고 생각합니다. 이런 사회에 대한 악
   영향에 코카콜라는 전혀 죄책감을 느끼지 못하며, 그 해결을 위해
   노력할 의향은 없는 것입니까?"

   청중의 웃음은 순식간 긴장의 분위기로 바뀌었으며, 대강당에 모인
500여명의 학생들은 약간 공격적이면서도 또랑또랑한 눈망울로 보제르
사장의 입을 주시하고 있었다. 그가 과연 어떻게 대답을 할까? 물론 MC

인 나도 (티는 안냈지만) 긴장되는 순간이었다.

"Coca-Cola는 글로벌 사회의 청소년 비만에 대한 심각한 문제점을 잘 파악하고 있습니다. 또한 그 해결을 위해 고민하고 연구하며 다양한 방법으로 지원하고 있습니다. 하지만, 지구촌의 비만화 문제는 코카콜라 한 기업의 노력으로 해결할 수 없음을 고백합니다. 청소년 여러분, 우리의 노력을 도와주시고 그 해결을 위해 우리 같이 나아가지 않으시렵니까?"

건강에 그리 좋지 않은 콜라를 파는 회사라는 특수한 기업의 아이덴티티(identity) 한계를 인정하는 동시에 CSR을 이용하여 콜라를 제일 많이 마시는 청소년 소비자들의 이해와 참여를 구하는 전략임을 짐작할 수 있었다. 글로벌 시장에서 어떻게 CSR을 브랜딩 할 수 있을까에 대한 코카콜라의 깊은 고민과 연구 끝에 나온 전문적인 소통의 전략이라는 것을 나는 확실히 발견하였다.

한국의 기업들도 전세계 소비자들 그리고 이해관계자들과 더 많이 소통하고 CSR을 프로페셔널하게 연구하고 브랜딩하여 적극적으로 나눈다면 곧 많은 Great기업을 볼 수 있지 않을까 기대한다. CSR은 절대 백화점의 진열대가 아니기 때문이다. 다양한 아름다운 사회공헌활동들에 대한 진열을 넘어선 기업의 특성과 아이덴티티에 맞는 장기적 CSR 브랜딩 전략을 한국의 많은 기업들이 신속히 수립하기를 바란다.

둘째, CSR에 대한 불편한 진실들(inconvenient truth)을 능숙하게 다룰 줄 알아야 한다.

글로벌 사회에서 더이상 CSR은 좋은 기업, 착한 기업의 아름다운 나눔에 대한 이야기가 아니라는 사실을 앞장에서 얘기했다. 위 코카콜라의 예에서 보듯이 글로벌 사회의 이해관계자들은 CSR에 대한 다양한 불편한 진실들을 파헤치면서 기업의 존재가치와 CSR을 공격할 것이다. 특히 리더기업들에게는 더욱더 맹렬하게 공격하는 것이다. Great기업이 되기 위해서는 이러한 공격에 대한 대응방안을 철저한 연구로 준비해야 한다. 화려하고 착한 이야기로만 가득차 있는 지속가능경영보고서를 넘어선 전문성과 성실함을 겸비한 CSR전략과 접근이 요구된다.

CSR에 대한 어떠한 불편한 진실들이 존재할까? 무엇보다도 계속되는 CSR에 대한 진정성 논란이다. 기업의 CSR활동이 이익을 더 많이 내기 위한 또 다른 마케팅이나 PR전략 또는 사회에 대한 진정한 공헌이냐 하는 것이다. 특히 아시아 사회에서 이 진정성 논란이 더 거센 것을 목격할 수 있다. 전통적으로 많은 아시아 국가들의 기업의 탄생 목적이 이익추구만이 아니었기 때문이다.

다른 하나로는 돈을 많이 버는 기업들이 또는 기업인이 도덕적일 수 있느냐 하는 근본적인 논란에 대한 해답을 찾고 논의할 준비를 해야 한다는 것이다. 많은 학자들이 이런 논쟁에 불을 붙이고 연구들을 쏟아내고는 있지만, 실제로 편향된 연구들이 많고 그 적절한 해답을 찾기가 매우 힘든 것이 사실임을 글로벌 CSR학자로서 고백한다. 도덕적으로 지탄을 받는 기업은 과연 Great기업이 될 수 있을까? 이는, '윤리적인 기업은 무능한 기업인가? 또한 기업이 윤리적으로 돈을 벌 수는 없을까?'와 연계된 기업의 불편한 진실들 중 하나이다.

한국의 리더 기업들, 이런 불편한 진실들을 세계 시장에서 허심탄회하게 토론할 준비가 되어 있는가? 윤리적 기업이 무능한 기업이 아닌 세련된 기업이라는 것을 보여줄 준비가 되어 있는가? 이는 기업가치의 확산과 관련된 great기업이 되기 위한 필수조건이라고 여겨진다.

셋째, 숫자 뒤에 가려진 진짜 CSR이야기를 찾아야 한다.

CSR은 숫자싸움이 아니라는 것을 전장에서 심도있게 다루었다. CSR은 절대평가라는 것이다. 무리지어 다니기만 하는 사람들 중에 Great로 성공한 사람은 없다. 기업도 마찬가지다. 우리 기업만의 의지와 페이스로 지속가능한 "독특한 CSR이야기"를 만들어야 한다.

예를 들 수 있는 글로벌 기업들을 찾아보자. 글로벌 사회로부터 공유가치창출의 최고기업으로 평가받고 있는 네슬레(Nestlé)의 "Good food, Good life"스토리가 그 하나이다. 또한, 비즈니스계의 이단아로 불렸던 제품을 '환경'이라는 이야기에 담아 판 바디샵(Body Shop)의 창시자인 故 아니타 로딕(Anita Roddick, 1942~2007) 또한 CSR을 통하여 good을 넘어 great기업으로 발돋움한 좋은 예라고 할 수 있다.

Great기업의 좋은 예(네슬레, 아니타 로딕)

Good food, Good life

(출처: 네슬레 홈페이지)

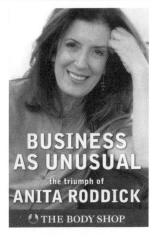

(출처: https://www.amazon.com/Business-nusual-Triumph-Anita-Roddick/dp/0722539878)

그렇다면 우리나라의 최고의 기업들인 삼성 또는 SK 등은 어떤 독특한 CSR스토리를 만들 수 있을까?

무엇보다도 신자본주의사회에서의 기업에 대한 평가 기준과 방법의 변화를 간파하고 그 대응책을 앞서서 준비해야 한다. 기업이 얼마나 많이 이익을 창출하는 가를 넘어선 비재무적 요소들(환경, 사회, 지배구조 등)에 대한 평가와 시니컬한 글로벌 사회를 어떻게 다루어야 하는지에 대한 철저한 준비가 필요하다. 이는 최근 한국 사회에서 많은 화두가 되고 있는 ESG에 대한 논의와도 일부분 연결된다. 하지만, Great기업이 되기 위해 좀 더 포괄적인 접근방식으로 이보다 한걸음 더 나아가 보자.

어떻게? 스탠다드를 넘어서야 한다.

Great기업이 되려면 standard 평가를 넘어선 선두의 유일함(uniqueness)을 보여주어야 한다. 위에서 언급한 ESG보고 표준프레임워크를 비롯한 CSR에 대한 많은 국제표준과 가이드라인들이 많이 있다. ISO26000과 Global Reporting Initiative(GRI), UN 글로벌켐팩 등이 그 예들이다. 이러한 표준들에 부합될 경우 기업들은 Good기업으로 평가받는다. 하지만, 평균에 맞추었다는 것이지 Great기업이 되었다는 것은 아니다. 반의 평균에 해당하는 좋은 학생들이 1, 2등의 선두의 학생들로 평가되지 않는 것처럼 말이다.

결론적으로, CSR의 명암(bright and dark side)을 파악하는 지혜, 단기적 평가와 시대적 유행에 일희일비하지 않는 진실성, 기업활동을 펼치고 있는 글로벌 사회의 많은 나라에 대한 심도있는 연구와 진심어린 대화가 CSR을 통한 Great기업이 되기 위한 필수조건들이다. 그렇다면 기업들은 어떤 노력과 전략을 짜야 할 것인가? 자본주의와 함께 공존하는 한 리더기업들은 계속 그 해답을 찾기 위한 선두적 노력을 기울여야 하는 것이 운명이라고 여겨진다. 다른 기업들이 여러분들을 계속 지켜보고 따라할

테니 말이다.

한국과 한국인이 가진 어마어마한 저력을 믿는다. 존경받고 당당한 '세계시민'으로 Great하게 거듭날 많은 한국의 기업들이 글로벌 시장에서 곧 나타나길 기대해 본다.

CSR

기업의 사회적 책임(CSR)이 코로나를 만났을 때

PART 20

기업의 사회적 책임: 백 투 더 퓨처
CSR: Back to the Future

PART 20

기업의 사회적 책임: 백 투 더 퓨처
CSR: Back to the Future

우리가 만들어갈 CSR의 미래는 과연 어떤 모습일까?

한 가지 분명한 것은 코비드 이전의 CSR과는 완전 달라질 것이라는 것이다. 이러한 다른 모습의 CSR을 만드는 주체는 지금 이 책을 읽고 있는 미래의 리더들일 것이다. 그들을 돕기 위해 마지막으로 세계의 전문가들이 놓치고 있는 두 가지 화두를 던지며 이 책의 마지막 장을 마감하려 한다.

첫째, CSR은 전략인가 철학인가?

CSR전략은 기업의 역할(role)에 대한 신념이다. 전략적 CSR은 기업의 정체성과 철학이 바탕돼야 한다. 왜냐하면 전략은 철학이기 때문이다. 그렇다면 CSR에 전략은 꼭 필요한 것인가? 공유가치창출, 사회적 기업, ESG 등 다양한 CSR전략에 대한 이론과 평가도구 등의 탄생이 지금의 기업사회에 진실로 요구되는 것인가?

최근 하버드비즈니스리뷰의 한 연구에[21] 의하면, 실제적으로 글로벌

시장에서 잘 나가는 많은 기업들은 CSR을 기업의 전략과 연계하는 데
별로 관심을 보이지 않는다는 것이다. 기업과 사회의 이익을 동시에 추
구하는 CSR전략이 현 자본주의사회에서 안타깝지만 성공할 수 없다는
주장과도 연결된다. CSR을 전략과 결과에 집착하여 연결하는 것은 CSR
에 대한 너무 과대한 요구이며, 이는 자칫하면 CSR이 기업의 격식차리기
(dress-up)의 수단으로 전락할 수 있으며, 기업의 설립이념과 생존철학
과도 대치되는 이상한 모습을 보일 수도 있다는 것이다. 이에 많은 선두
기업들은 실제로 CSR을 그다지 기업전략과 연계시키지 않는다는 것이다.

　　최근 인도를 방문하여 유명한 다국적 기업의 부사장과 이러한 기업경
영의 딜레마에 대해 허심탄회한 의견을 나눌 수 있는 기회가 있었다. 그
의 말에 의하면 CSR과 CSR전략이 완전히 분리된 기이한 현상을 현재 인
도의 비즈니스사회에서 볼 수 있다는 것이다.

　　　　"인도에서는 수익의 2%를 CSR세금으로 정부에 내야만 하는
　　　'CSR and Companies Act'가 법률로 지정되어 있습니다. CSR에
　　　사용되는 돈은 기업의 전략과 연결돼서는 안 되고 소위 말해 '순수
　　　한' 의도로만 사회에 환원해야 한다는(세금으로) 인도정부의 설명
　　　이지요. CSR이 기업에 압력을 가하는 법률적 명령으로 퇴색되었다
　　　고 생각합니다. 인도정부는 CSR을 또 하나의 세금으로 추락시켰
　　　으니까요. 그래서 우리 회사는 기업전략과 연계하는 예산을 CSR
　　　세금과 분리하여 따로 수립하고 있습니다. 다시 말해, CSR은 정
　　　부에 내는 세금, CSR전략은 우리 기업의 경영전략으로 말이죠. 간
　　　단히 말하자면 '이중전략'을 수립했다는 말입니다."

　　인도에서는 CSR이 세금으로 둔갑하여 정부의 또 다른 압력으로 인식
된다는 이야기다. 그렇다면 한국 기업의 상황은 어떠한가? 얼마나 많은

기업들이 CSR활동을 경영전략과 긴밀히 연계하여 진행하고 있는가? 규제 준수의 차원을 넘어 진정으로 기업의 철학과 가치와 연계하고 있는지도 더욱 자세히 연구하고 싶다. 또한 한국 사회에서 정부나 제도들이 기업들의 이러한 딜레마를 이해하고 그 노력을 뒷바침 해주고 있는가? 위정자들과 사회 각계각층의 적절한 의식과 제도적인 조력없이 기업들에게만 책임 있는 활동을 요구하는 것은 심각한 사회적 모순이라 여겨진다.

한국 사회의 정치적·경제적 혼란은 기업들이 사회공헌과 사회적 책임활동 사이에서 갈팡질팡하게 만들었다. 더 나아가 많은 기업의 사회공헌활동들이 기업과 오너들의 잘못을 감추는 하나의 교묘한 수단으로 전락하게 되는 것을 한국뿐만 아니라 외국의 매스컴들을 통해 지적받고 있다. 글로벌 사회와 토론하는 한국학자의 한 사람으로서 세계 지식인들의 의문과 질타를 받고 다양한 의견들을 나누면서, 우리가 지금 바뀌지 아니하면 한국의 경쟁력은 곧 심각한 위기를 맞이하게 된다는 것을 감지할 수 있었다. 아마도 글로벌 시장에서 경쟁하고 있는 한국 사회의 많은 기업인들과 학자들은 유사한 위기감을 느끼고 있을 것으로 여겨진다.

이에 한국의 강점인 문화, 세계에서 제일 똑똑한 국민들, 외국사람들이 제일 이해하고 따라가기 힘들어하는 엄청난 근면성을 바탕으로, 최근 이룬 급속한 경제성장을 넘어선 한국만의 독특한 성장모델을 빠른 시일 내에 만들어내야 한다. 그러지 못하면, 이념적 변화가 휘몰아치는 현재의 글로벌 시장에서 한국 기업들의 정체성과 입지는 더욱더 위태로워 질 것이다.

둘째, 사회적 책임은 누구의 몫?

감옥의 사회적 책임을 배웠다. 2020년 11월 UC Berkeley에서 방문학자로 있을 때 동아시아연구소(Institute of East Asian Studies)의 주선으로 악명이 높았지만 현재 글로벌 사회에서 감옥의 교화문화에 모범이 되

고 있는 샌 퀜틴 주립 감옥(San Quentin Prison)을 방문하였다. 수용시설
들을 관찰하고 감옥에서는 어떻게 수감자들의 교화와 인권, 재범예방을
위해 사회적 책임을 실천하는지 공부하는 기회가 되었다. 또한 큰 강당
에서 많은 수감자들과 얘기를 나눌 수 있는 시간도 방문객들에게 주어졌
다. 나는 수감자들에게 질문하였다.

> "감옥에서의 삶을 우리와 나누기로 결심한 여러분의 용기에 감
> 사를 드립니다. 아픈 과거를 나누기가 무척 힘드셨을 텐데 이런
> 자리에 여러분이 나온 것은 자발적인 것인가요? 그렇다면 이런 나
> 눔이 여러분에게 어떤 혜택이 있을까요?"

여자친구의 아버지를 죽이고 15년 선고를 받은 젊은 수감자가 나에
게 웃으며 대답했다.

> "저는 여러분과 솔직한 마음으로 나의 과거의 잘못과 내가 가
> 지고 있는 '가치'를 나누고 싶어서 자발적으로 이 자리에 나왔습니
> 다. 이것이 내가 수감자로써 사회에 기여할 수 있는 방법이라고
> 생각합니다."

수감자의 사회적 기여와 가치를 언급한 이 젊은이의 말은 나에게 많
은 생각과 숙제를 안겨주기에 충분했다. 모든 방문일정이 끝난 후 버클
리로 다시 돌아올 시간이 되어 감옥 문 앞에서 우리는 수감자들과 다시
만났다. 수감자 대표가 수감자들에게 마지막으로 나누고 싶은 말이 없
냐고 물었고, 한 장기복역수가 손을 들어 발언권을 얻은 후 우리에게
진지하게 이야기하였다.

수감자와의 대화

(출처: Life of the Law, 2017,
https://www.lifeofthelaw.org/2017/07/ep-114-inside-an-quentin-heard/)

"이 출입문을 나가시면 여려분들은 다시 여러분이 하고 싶은 자
유로운 평상생활로 돌아갈 것입니다. 우리는 이 투어안내가 끝나는
대로 다시 어두운 감옥으로 돌아가 수감생활을 이어가야 합니다.
두 가지만 꼭 부탁드리고 싶습니다. 여러분의 삶에서 인류에 대한
사랑(humanity)를 절대 잊지마십시오. 그리고 꼭 우리의 미래를 위
해 11월 투표해 주세요. 안녕히 가세요."

우리는 서로의 안녕을 빌며 악수로 헤어졌다. 그리고 결심했다. 장기
복역수의 마지막 제안을 잊지말고 꼭 투표하기로….

항상 의문이다.

이 사회가 제대로 굴러가기 위한 사회적 책임은 누구의 몫일까? 정부
의 사회적 책임은 얼마나 진보된 상태이고, 언론의 사회적 책임, 검찰의
사회적 책임, NGO의 사회적 책임, 그리고 마지막으로 내가 속한 대학의
사회적 책임은 얼마나 자기성찰 속에서 이루어지고 있는가?

사회적 책임을 묻고 평가받을 주체는 기업뿐만 아니라 전 사회의 구성원들이다. 그리고 볼품없는 구성원의 볼품없는 사회적 책임은 없다. 나자신을 포함해서 말이다. 성장하는 자본주의에 바탕을 둔 성장하는 CSR, 한국의 미래리더들이 이것을 준비해야 할 사명을 안고 이 땅에 태어났다. Way to go!

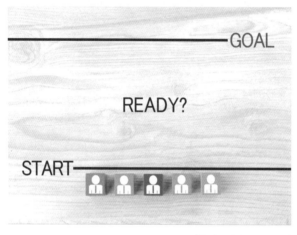

(출처: 게티이미지뱅크)

· 미주 ·

1) Moon, J. (2014). *Corporate Social Responsibility : A Very Short Introduction 기업의 사회적 책임: 아주 짧은 소개*, Oxford University Press 옥스포드대학 출판사.

2) The Japan Times. (2020). *For many in Japan, remote work during coronavirus outbreak is not an option* (Mar. 22, 2020).

3) Hill, N. S., & Bartol, K. M. (2018). Five Ways to Improve Communication in Virtual Teams, *MIT Sloan Management Review* (June 13, 2018).

4) Parker, S. K., Knight, C., & Keller, A. (2020). Remote Managers Are Having Trust Issues, *Harvard Business Review* (July 30, 2020).

5) Kim, R. C., & Moon, J. (2015). 아시아 기업의 사회적 책임의 다이나믹스 Dynamics of corporate social responsibility in Asia: Knowledge and norms. *Asian Business & Management*, 14, 349-382. (*저자 논문)

6) Kim, C. H., Amaeshi, K., Harris, S., & Suh, C. J. (2013). CSR and the national institutional context: The case of South Korea, *Journal of Business Research*, 66, 2581 − 2591. (*저자 논문)

7) Porter, M., & Kramer, M. R. (2011). Creating Shared Value, *Harvard Business Review*, 89(1 · 2), 62 − 77.

8) Kim, R. C. (2018). Can Creating Shared Value(CSV) and the United Nations Sustainable Development Goals(UN SDGs) Collaborate for a Better World? Insights from East Asia. *Sustainability*, 10(11). https://doi.org/10.3390/su10114128 (*저자 논문)

9) de los Reyes, G., Scholz, M., & Smith, N. C. (2017). Beyond the "Win − Win": Creating Shared Value requires ethical frameworks. *California Management Review*, 59(2): 142 − 167.

10) Kim, R. C., Yoo, K. I., & Uddin, H. (2017). The Korean Air Nut Rage Scandal: Domestic versus International Responses to a Viral Incident, *Business Horizons*, 61(4): 533 − 544. (*저자 논문)

11) Khurana, R., Nohria, N., & Penrice, D. (2005). Is Business Management a Profession? https://hbswk.hbs.edu/item/is − businessmanagement − a −

profession.

12) Mitroff I. (2011). An Open Letter to the Deans and the Faculties of American Business Schools | Ian Mitroff | Mitroff Crisis Management

13) Govindarajan, V., & Srivastara, N. (2020). We Are Nowhere Near Stakeholder Capitalism, *Harvard Business Review* (January 30, 2020).

14) Etzioni, A. (2018). Apple: Good Business, Poor Citizen? *Journal of Business Ethics*, 151, 1-11.

15) New York Times. (July. 6, 2020). The Next Energy Battle: Renewables vs. Natural Gas (nytimes.com).

16) Scullion, H., Collings, D. G., & Caligiuri, P. (2010). Global talent management, *Journal of World Business*, 45(2): 105-108.

17) Bolton, S., KIM, R. C., & O'Gorman, K. D. (2011). Corporate Social Responsibility as a Dynamic Internal Organizational Process: A Case Study, *Journal of Business Ethics*, 101(1): 61-74. (*저자 논문).

18) Kim, C. H. & Scullion, H. (2011). Exploring the links between corporate social responsibility and global talent management: a comparative study of the UK and Korea, *European Journal of International Management*, 5(5): 501-523. (*저자 논문).

19) Bryant, A., & Sharer, K. (2020). Are You Really Listening? *Harvard Bus8iness Review.* https://hbr.org/2021/03/are-you-really-listening

20) Smith, R. (2020). How CEOs Can Support Employee Mental Health in a Crisis. *Harvard Business Review,* https://hbr.org/2020/05/how-ceos-can-support-employee-mental-health-in-a-crisis

21) Rangan, V. K., Chase, L., & Karim, S. (2015). The truth about CSR: Most of these programs aren't strategic — and that's OK. *Harvard Business Review* (January-February 2015).

저자소개

김정희

리츠메이칸아시아태평양대학교 경영학 교수로 재직 중이다. 영국 정부 쉐브닝 학자로서 스트라스클라이드대학교에서 국제경영 석사와 경영연구 분야 박사학위를 받았다. UC버클리대학교에서 방문학자를 지냈고, 노팅엄대학교, 에딘버러대학교, 스트라스클라이드대학교에서 국제경영과 윤리경영, 인적자원관리 등을 가르치다 다시 아시아로 기쁘게 컴백하였다. 연구 분야로는 '아시아와 유럽의 기업의 사회적 책임 비교', '공유 가치 창출(Creating Shared Value, CSV)', '자본주의와 기업의 사회적 책임 연계', '인클루시브리더십(inclusive leadership)' 등이 있다. SSCI 등재 저널에 기업의 사회적 책임 관련 연구논문 7개를 발표하였고, 사우스차이나모닝포스트 등 언론을 포함한 각종 국제 커뮤니티에 사설과 다양한 글, 강의 등을 통하여 국제사회에서 활발하게 활동을 진행하고 있다.

기업의 사회적 책임이 코로나를 만났을 때

초판발행	2021년 11월 12일
지은이	김정희
펴낸이	안종만·안상준
편 집	탁종민
기획/마케팅	손준호
표지디자인	이미연
제 작	고철민·조영환
펴낸곳	(주)**박영사**
	서울특별시 금천구 가산디지털2로 53, 210호(가산동, 한라시그마밸리)
	등록 1959. 3. 11. 제300-1959-1호(倫)
전 화	02)733-6771
f a x	02)736-4818
e-mail	pys@pybook.co.kr
homepage	www.pybook.co.kr
ISBN	979-11-303-1367-2 93320

정 가   13,000원